最新法律文件解读丛书

刑事法律文件解读

总第 170 辑(2019.8)

最新法律文件解读丛书编选组　编

人民法院出版社

图书在版编目(CIP)数据

刑事法律文件解读. 总第170辑 / 最新法律文件解读丛书编选组编. --北京:人民法院出版社,2019. 11
(最新法律文件解读丛书)
ISBN 978-7-5109-2676-1

Ⅰ. ①刑… Ⅱ. ①最… Ⅲ. ①刑法-法律解释-中国②刑事诉讼法-法律解释-中国 Ⅳ. ①D924. 05②D925. 205

中国版本图书馆CIP数据核字(2019)第249820号

刑事法律文件解读. 总第170辑
最新法律文件解读丛书编选组 编

责任编辑 姜 峤
出版发行 人民法院出版社
地 址 北京市东城区东交民巷27号 邮编 100745
电 话 (010)67550573(责任编辑) 67550558(发行部查询)
65223677(读者服务部)
客服QQ 2092078039
网 址 http://www.courtbook.com.cn
E-mail courtbook@sina.com
印 刷 三河市国英印务有限公司
经 销 新华书店
开 本 787毫米×1092毫米 1/16
字 数 140千字
印 张 8
版 次 2019年11月第1版 2019年11月第1次印刷
书 号 ISBN 978-7-5109-2676-1
定 价 22.00元

卷首语

2019年2月最高人民法院、最高人民检察院、公安部、司法部、生态环境部联合印发《关于办理环境污染刑事案件有关问题座谈会纪要》。这是习近平生态文明思想确立以来，“两高三部”第一次就办理环境污染刑事案件有关问题联合出台专门文件。为便于司法实践中正确理解和适用，我们邀请最高人民法院相关起草人对《纪要》的制定背景与经过、起草中的主要考虑和主要内容进行了解读，并结合《关于办理环境污染刑事案件适用法律若干问题的解释》有关条款深入细致地阐释了对单位犯罪的认定、犯罪未遂的认定、主观过错的认定、生态环境损害标准的认定、非法经营罪的适用、投放危险物质罪的适用、涉大气污染环境犯罪的处理、有害物质的认定、从重处罚情形的认定、管辖的问题、危险废物的认定、鉴定的问题、监测数据的证据资格问题，以及严格适用不起诉、缓刑、免予刑事处罚和非法排放、倾倒、处置行为的认定等问题。此外，本辑还收录了环境污染刑事案件典型案例以及《关于办理环境污染刑事案件适用法律若干问题的解释》和解读，便于广大读者全面学习适用。

《最新法律文件解读》丛书
编　辑　部

范春雪　（010）67550525

姜　峤　（010）67550573

丁丽娜　（010）67550608

张　奎　（010）67550673

路建华　（010）67550660

执行编辑　姜　峤

邮　　箱　bj85250573@126.com

目　录

［特载］

最高人民法院

发布保护未成年人权益十大优秀案例

（2019 年 5 月 31 日）

保护未成年人权益十大优秀案例目录

一、张某等寻衅滋事、敲诈勒索、非法拘禁案

二、朱某等寻衅滋事案

三、林某虐待子女被撤销监护人资格案

四、蒋某猥亵儿童案

五、马某虐待被看护人案

六、胡某诉张某变更抚养关系案

七、祁某猥亵儿童案

八、刘某故意伤害案

九、杨某故意杀人案

十、江某诉钟某变更抚养关系案

一、张某等寻衅滋事、敲诈勒索、非法拘禁案

——依法严惩恶势力犯罪集团针对未成年人“套路贷”

基本案情

被告人张某纠集李某、任某、陈某、邰某、王某等人，设立组建某财富公司，在江苏省某市区进行非法放贷活动，以喷油漆、扔油瓶、半夜上门滋扰等“软暴力”手段非法讨要债务。在放贷过程中，该组织成员还引诱、纠集褚某、朱某、姚某、王某、顾某等在校学生，利用同学、朋友关系诱骗其他未成年学生签订虚高借款合同，在借款中随意扣减“服务费、中介费、认家费”等，并逼迫未成年少女拍摄裸照担保债务，部分未成年被害人被迫逃离居住地躲债，造成辍学等不良后果。该组织通过“套路贷”，多次实施敲诈勒索、寻衅滋事、非法拘禁犯罪，违法所得共计人民币166000元，造成恶劣的社会影响。

裁判结果

法院经审理认为，被告人张某纠集褚某、李某等11人，形成人员组织稳定，层级结构清晰的犯罪组织，该组织成员长期纠集在一起，共同实施多起寻衅滋事、敲诈勒索、非法拘禁等违法犯罪活动，欺压百姓，扰乱社会秩序，造成较为恶劣的社会影响，应当认定为恶势力犯罪集团。据此，以敲诈勒索罪、寻衅滋事罪、非法拘禁罪，数罪并罚，依法判处被告人张某有期徒刑九年六个月，并处罚金人民币十八万元；对其他恶势力犯罪集团成员亦判处了相应刑罚。

典型意义

本案系江苏省扫黑除恶专项斗争领导小组第一批挂牌督办的案件之一，也是扫黑除恶专项斗争开展以来，该省查处并宣判的第一起以未成年人为主要犯罪对象的黑恶势力“套路贷”犯罪案件。

该案恶势力集团的犯罪行为不仅严重扰乱了正常经济金融秩序，还严重侵害了未成年人权益。其利用未成年人涉世未深、社会经验不足、自我保护能力弱、容易相信同学朋友等特点，以未成年人为主要对象实施“套路贷”犯罪，并利用监护人护子心切，为减小影响容易选择息事宁人做法的心理，通过实施纠缠滋扰等“软暴力”行为，对相关未成年人及其家庭成员进行精神压制，造成严重心理恐慌，从而逼迫被害人支付款项，不仅严重破坏正常教育教学秩序，更给未成年人及其家庭造成巨大伤害。对本案的依法从严惩处，彰显了司法机关重拳打击黑恶势力，坚定保护未成年人合法权益的决心。对于打击针对在校学生，特别是未成年在校生的犯罪，促进平安校园具有重要指导意义。

二、朱某等寻衅滋事案

——依法惩治校园欺凌

基本案情

被告人朱某等五人均系北京某校在校女生（犯罪时均未满18周岁），2017年2月28日，五名被告人在女生宿舍楼内，采用辱骂、殴打、逼迫下跪等方式侮辱女生高某某（17岁），并无故殴打、辱骂女生张某某（15岁）。经鉴定，二被害人的伤情构成轻微伤，五名被告人的行为还造成被害人高某某无法正常生活、学习的严重后果。

裁判结果

法院经审理认为，被告人朱某等人随意殴打和辱骂他人，造成二人轻微伤，严重影响他人生活，侵犯公民人身权利，破坏社会秩序，构成寻衅滋事罪，且系共同犯罪。据此，以寻衅滋事罪依法分别判处五名被告人十一个月至一年不等的有期徒刑。

典型意义

校园欺凌问题关系到未成年人的健康成长，也牵系着每一个家庭的敏感神经，已成为全社会关注的热点问题。本案就是一起典型的校园欺凌行为构成犯罪的案件。本案中，五名被告人的行为已经不仅仅是同学伙伴之间的打闹玩笑，也不仅仅是一般的违反校规校纪的行为，而是触犯刑法应当受到刑罚惩处的犯罪行为。对此类行为，如果仅仅因被告人系未成年人而“大事化小，小事化了”，就会纵容犯罪，既不利于被告人今后的健康成长，更不利于保护同是未成年人的被害人。本案裁判法院充分考虑五名被告人主观恶性和行为的社会危害性，对其分别判处相应的实刑，符合罪刑相适应原则，在有效维护了未成年被害人合法权益的同时，也给在校学生上了一堂生动的法治课。

本案被中央电视台“新闻1+1”等媒体栏目评论称具有“标本意义”，宣判后不久，适逢教育部等十一个部门联合印发《加强中小学生欺凌综合治理方案》，对中小学生校园欺凌综合整治起到了积极的推动作用。

三、林某虐待子女被撤销监护人资格案

——全国首例撤销监护人资格判决

基本案情

被申请人林某，女，系福建省某县村民。林某于2004年生育小龙，因小龙的生父一直身份不明，故小龙自出生后一直随林某共同生活。林某曾有过三四次不成功的婚姻，生活中不但对小龙疏于管教，经常让小龙挨饿，而且多次殴打小龙，致使小龙后背满是伤疤。自2013年8月始，当地政府、妇联、村委会干部及派出所民警多次对林某进行批评教育，但林某仍拒不悔改。2014年5月29日凌晨，林某再次用菜刀划伤小龙的后背、双臂。同年6月13日，该村村民委员会以被申请人林某长期对小龙的虐待行为已严重影响小龙的身心健康为由，向法院提出请求依法撤销林某对小龙监护人资格的申请。审理期间，法院征求小龙的意见，其表示不愿意随其母林某共同生活。

裁判结果

法院经审理认为，监护人应当履行监护职责，保护被监护人的身体健康、照顾被监护人的生活，对被监护人进行管理和教育，履行相应的监护职责。被申请人林某作为小龙的监护人，采取打骂等手段对小龙长期虐待，经有关单位

教育后仍拒不悔改，继续对小龙实施虐待，其行为已经严重损害小龙的身心健康，故不宜再担任小龙的监护人。依法撤销林某对小龙的监护人资格，并依法指定该村民委员会担任小龙的监护人。

典型意义

本案受理后，该县人民法院主动探索由村民委员会作为申请主体申请撤销监护失当未成年人的监护权转移工作，并根据法律的有关规定，在没有其他近亲属和朋友可以担任监护人的情况下，按照最有利于被监护人成长的原则，指定当地村民委员会担任小龙的监护人，通过充分发挥审判职能作用向社会表达一种对未成年人关爱的新视角。宣判后，该院还主动与市、县有关部门积极沟通，对小龙做了及时妥善安置，切实维护未成年人的合法权益。

最高人民法院、最高人民检察院、公安部、民政部于 2014 年 12 月 18 日联合发布了《关于依法处理监护人侵害未成年人权益行为若干问题的意见》(以下简称《意见》)，对各级人民法院处理监护权撤销案件的相关问题作了较为明确的规定。该《意见》颁布之前，我国关于监护权撤销制度的规定主要是民法通则第十八条和未成年人保护法第五十三条，有关规定较为笼统模糊。本案在《意见》出台之前即作出了撤销监护人资格的判决，是开我国撤销监护权之先例，直接推动了《意见》的颁布，为《意见》中有关有权申请撤销监护人资格的主体及撤销后的安置问题等规定的出台，贡献了实践经验。本案例于 2015 年被全国妇联评为首届全国维护妇女儿童权益十大案例。

四、蒋某猥亵儿童案

——依法严惩通过网络实施的无身体接触的猥亵犯罪

基本案情

2015 年 5 月至 2016 年 11 月，被告人蒋某虚构身份，谎称自己代表“星晔童星发展工作室”“长城影视”“艺然童星工作室”等单位招聘童星，在 QQ 聊天软件上结识女童。以检查身材比例和发育情况等为由，要求被害人在线拍摄和发送裸照，并谎称需要面试，诱骗被害人通过 QQ 视频裸聊并做出淫秽动作。对部分女童还以公开裸照相威胁，逼迫对方与自己继续裸聊。经查，蒋某视频裸聊猥亵儿童达到31人。

裁判结果

法院经审理认为，被告人蒋某为满足自身变态欲求，以视频裸聊方式猥亵儿童，其行为已构成猥亵儿童罪。而且，其诱骗被害人多达三十余名，遍布全国各地，多数被害人未满12周岁，最小的不到10周岁，有些被害人被猥亵两次以上，依法应当认定为“有其他恶劣情节”。据此，以犯猥亵儿童罪依法从重判处被告人蒋某有期徒刑十一年。

典型意义

本案是一起典型的利用互联网猥亵未成年人的案件。在互联网时代，不法分子运用网络技术实施犯罪的手段更为隐蔽，危害范围更为广泛。被告人以选拔童星、网友聊天、冒充老师等方式诱骗或强迫被害人进行视频裸聊或拍摄裸照，虽然没有与被害人进行身体接触，跟传统意义上的猥亵行为有所不同，但其目的是为了满足自身性欲，客观上侵犯了被害人的人身权利，同样构成猥亵儿童罪。类似的网络犯罪行为严重损害了未成年人身心健康，社会危害性极大。本案对被告人蒋某依法从重判刑，彰显了人民法院本着“儿童利益最大化”的原则，依法严厉惩治侵害未成年人犯罪行为的坚定决心。

本案同时也警示家庭和学校要加强对未成年人的教育，引导未成年人正确使用网络，培养、提高识别风险、自我保护的意识和能力；提醒广大青少年增强自我保护意识，最大限度避免网络违法犯罪的侵害，如果正在面临或者已经遭受不法侵害，要及时告知家长、老师或者报警，第一时间寻求法律的保护。

五、马某虐待被看护人案

——对幼儿园虐童行为“零容忍”

基本案情

2016年9月，被告人马某（不具备教师资格）通过应聘到河南省某县幼儿园任小班教师。2017 年 4 月 18 日下午上课期间，马某在该幼儿园小班教室内，以学生上课期间不听话、不认真读书为由，用针分别扎本班多名幼儿的手心、手背等部位。经鉴定，多名幼儿的损伤程度虽均不构成轻微伤，但体表皮肤损伤存在，损伤特点符合具有尖端物体扎刺所致。2017 年 4 月 18 日，被害幼儿家长报警，当晚马某被公安人员带走，同年 4 月 19 日被刑事拘留。在案件审理过程中，被告人马某及其亲属与多名被害幼儿的法定代理人均达成谅解。

裁判结果

法院经审理认为，被告人马某身为幼儿教师，采用针刺手段对多名被看护幼儿进行虐待，情节恶劣，其行为已构成虐待被看护人罪。据此，以虐待被看护人罪依法判处被告人马某有期徒刑二年；禁止其五年内从事未成年人教育工作。同时，人民法院对该县教育局发出司法建议。

典型意义

近年来，保姆、幼儿园教师、养老院工作人员等具有监护或者看护职责的人员虐待被监护、看护人的案件时有发生，严重侵害了弱势群体的合法权益，引发社会高度关注。本案中，被告人马某用针对多名幼儿进行扎刺，虽未造成轻微伤，不符合故意伤害罪的法定标准，但其行为对受害幼儿的身心造成了严重伤害。对这种恶劣的虐童行为，人民法院采取“零容忍”态度，依法进行严厉打击，对其判处二年有期徒刑（本罪法定最高刑为三年有期徒刑），对被告人判处从业禁止最高年限五年。

本案的判决，警示那些具有监护、看护职责的单位和人员，应当依法履职，一切针对被监护、被看护人的不法侵害行为，都将受到法律的惩处；本案也警示幼儿园等具有监护、看护职责的单位应严格加强管理，切实保障被监护、看护人的合法权益免受不法侵害。

六、胡某诉张某变更抚养关系案

——全国第一道未成年人“人身安全保护令”

基本案情

原告胡某、被告张某于2000年经法院判决离婚，女儿张某某（1996年出生）由父亲张某抚养。离婚后，张某经常酗酒、酒后打骂女儿张某某。2005年，张某因犯抢劫罪被判处有期徒刑三年。刑满释放后，张某酗酒恶习未有改变，长期对女儿张某某实施殴打、谩骂，并限制张某某人身自由，不允许其与外界接触，严重影响了张某某的身心健康。2011年3月19日深夜，张某酒后将睡眠中的张某某叫醒实施殴打，张某某左脸受伤，自此不敢回家。同月26日，不堪忍受家庭暴力的张某某选择不再沉默，向司法部门写求救信，揭露其父家暴恶行，态度坚决地表示再不愿意跟随父亲生活，要求跟随母亲胡某生活。胡某遂向法院起诉，请求变更抚养关系。鉴于被告长期存在严重家暴行为，为防止危害后果进一步扩大，经法官释明后，原告胡某向法院提出了保护张某人身安全的申请。

裁判结果

法院经审理认为，被告张某与其女张某某共同生活期间曾多次殴打、威胁张某某，限制张某某人身自由的情况属实，原告的申请符合法律规定。依法裁定：一、禁止张某威胁、殴打张某某；二、禁止张某限制张某某的人身自由。裁定作出后，该院向市妇联、区派出所、被告所在村委会下达了协助执行通知书，委托上述单位监督被告履行裁定书确定的义务。后本案以调解方式结案，张某自2011年4月28日起由胡某抚养。

典型意义

本案中，湖南某法院发出了全国第一道针对未成年人的“人身安全保护令”，为加强对未成年人的保护做了有益探索，为推动“人身安全保护令”写入其后的反家庭暴力法积累了实践素材，为少年司法事业做出了巨大贡献。数十家媒体和电视台对该案进行了宣传报道，产生了良好的社会效果。该案还引起联合国官员及全国妇联相关领导的关注，他们对这份“人身安全保护令”做出了高度评价。

本案调解过程中，人民法院还邀请当地妇联干部、公安民警、村委会干部、村调解员共同参与对被告的批评教育，促使被告真诚悔悟并当庭保证不再实施家暴行为。本案是多元化解纠纷机制、社会联动机制在未成年人司法中的恰当运用，同时也为充分发扬“枫桥经验”处理未成年人保护案件做出了良好示范。

七、祁某猥亵儿童案

——小学教师性侵儿童被重判

基本案情

被告人祁某原系浙江省某市小学教师。在执教期间，曾有学生家长于2013年1月以祁某非礼其女儿为由向学校举报，祁某因此写下书面检讨，保证不再发生此类事件。2016年12月，被告人祁某退休，因师资力量短缺，该校返聘祁某于2016年12月至2017年8月继续担任语文老师兼班主任。2017年以来，祁某利用教学之便，在课间活动及补课期间，多次对多名女学生进行猥亵。2017年8月30日下午，被告人祁某主动至派出所投案。

裁判结果

法院经审理认为，被告人祁某利用教师身份，多次猥亵多名未满十二周岁的幼女，且部分系在公共场所当众猥亵，严重破坏教学秩序，社会危害性极大，其行为已构成猥亵儿童罪，且应当在“五年以上有期徒刑”的幅度内从重处罚；而且，其曾因类似行为被举报，仍不思悔过致本案发生，应酌情从重处罚。据此，以猥亵儿童罪依法判处被告人祁某有期徒刑八年六个月；禁止其在三年内从事与未成年人相关的教育职业。

案件审理期间，六名被害人提起民事诉讼，起诉涉事小学、区教育文化体育局教育机构责任纠纷。后经法院主持调解，该小学分别向各原告人一次性支付 30000 元。宣判后，该市教育局对涉案小学校长进行了行政处分。

典型意义

本案系教师利用教学便利对未成年学生实施猥亵的恶性案件，给被害人和家人都造成了严重的身心伤害，挑战道德法律底线，性质极其恶劣，危害后果严重，必须从严惩处。被告人祁某虽已年过六十，但裁判法院考虑其被学校返聘、补课等情况，仍从有效预防侵害未成年人犯罪角度出发，秉持对侵害未成年人的“零容忍”态度，依法对被告人祁某适用从业禁止。本案在审理阶段，司法机关还通过政府购买服务，及时为被害人进行心理疏导，尽力医治对涉案未成年人的精神伤害。

此类案件反映出极个别学校对未成年人权益保护仍然存在管理不善，制度不落实，执行不到位的现象，需要有关学校及部门引起重视。

八、刘某故意伤害案

——探索推动设立未成年犯罪人前科封存制度

基本案情

2006 年 12 月 28 日下午 5 时许，被告人刘某（犯罪时 15 周岁）之父刘某芳酒后与同村刘某文因琐事发生口角，后二人在刘某文家门口对骂，刘某文的两个儿子到场后，与刘某芳相互扭打，继而两家发生殴斗。刘某的祖父刘某宗闻讯赶来后，与刘某文相互厮打。在两人殴斗过程中，被告人刘某闻讯赶到现场，用铁叉将刘某文叉成重伤，刘某作案后主动投案，并如实供述了自己的罪行。

案发后，被害人刘某文与被告人刘某就附带民事赔偿达成和解，刘某文对刘某表示谅解。

裁判结果

法院经审理认为，被告人刘某持械故意伤害他人身体，其行为已经构成故意伤害罪。但本案系邻里纠纷引发，被告人刘某因见亲人被人殴打一时愤怒，采取过激行为加入殴斗，犯罪动机尚不恶劣，社会危害尚不严重。刘某犯罪时未满16周岁，归案后能够坦白自己的犯罪事实，且案发后积极赔偿被害人的损失，已经取得被害人谅解。据此，以故意伤害罪依法判处被告人刘某有期徒刑一年，缓刑一年六个月。缓刑考验期满后，刘某领取了《前科封存证明书》。

典型意义

1997年刑法第一百条设立了前科报告义务，规定："依法受过刑事处罚的人，在入伍、就业的时候，应当如实向有关单位报告自己曾受过刑事处罚，不得隐瞒。"就未成年犯罪人而言，前科报告义务及其所带来的"犯罪标签化"是其重返社会的障碍和阻力之一。本案是山东法院实施的第一例前科封存案件，是对未成年犯罪人开展有效判后帮教，帮助其顺利回归社会进行的有益探索。根据当地市中院牵头，公安、民政等11部门联合出台的《失足未成年人前科封存实施意见》，刘某在缓刑考验期结束后向由该11个部门组成的前科封存领导小组提交了相关材料，领导小组考察审批后同意向刘某颁发了《前科封存证明书》，并对其犯罪档案进行封存。学校也保留他的学籍并对其犯罪信息予以保密，保证他的正常学习生活。因为这份证明书，刘某慢慢卸下了心理包袱，并心怀感恩，初中毕业后去天津打工，顺利回归融入社会。

该案取得了良好的社会效果，经各大媒体报道及转载后，在社会引起巨大反响，也引起国内专家学者的关注。山东高院因势利导，在总结部分地市经验、组织专家论证的基础上，在全省全面推开"前科封存"制度。该项制度的开展不仅是在少年司法领域的改革创新，更是为相关刑事立法的修改提供了实践基础。此后，2011年刑法修正案（八）增加规定了未成年犯罪人的前科封存制度，2012年刑事诉讼法修改又对未成年犯罪人前科封存作了程序衔接规定。

九、杨某故意杀人案

——全国首例对未成年被害人跨省心理救助

基本案情

2017年初，被告人杨某跟随同乡李某来津务工，后因工资结算问题二人产生矛盾。2017年7月25日7时许，杨某向李某索要工资时发生争吵，杨某遂从路边捡起一根三角铁用力击打李某头部，致李某头部流血倒地昏迷。后杨某来到李某居住的宿舍，持菜刀砍李某之子小欢、小旭（案发时8岁）。三名被害人被送至医院后，李某、小欢经抢救无效死亡，小旭项部损伤程度经鉴定为轻伤二级。案发后，被害人李某近亲属曾某、被害人小旭因家庭情况特别困难，提出司法救助申请。

裁判结果

法院经审理认为，被告人杨某因工资结算问题与被害人李某产生矛盾，先后持三角铁、菜刀行凶，致李某及其长子小欢死亡，致李某次子小旭轻伤，其行为已构成故意杀人罪，应依法予以处罚。被告人杨某犯罪手段残忍，主观恶性深，犯罪后果严重，虽系投案自首，不足以从轻处罚；其行为给附带民事诉讼原告人造成经济损失，依法应予赔偿。据此，以故意杀人罪，依法判处被告人杨某死刑，剥夺政治权利终身；判决被告人杨某赔偿附带民事诉讼原告人曾某、周某、小旭经济损失人民币共计137262.26元。

典型意义

本案是天津法院开展的全国首例对未成年被害人跨省心理救助的案例。被害人小旭案发时年龄尚小，亲眼目睹了父亲、兄长的被害过程，身心健康受到严重伤害，有此类经历的孩子是容易出现心理问题的高危人群。考虑到被害人的家庭状况和案件具体情况，法院决定对小旭开展司法救助，进行心理干预，尽力帮助其走出心理阴影，步入正常的生活、学习轨道。

由于被救助人生活的地方在四川，距离天津太远，如何开展持续、动态的跨省救助，尤其是心理救助，在全国无先例可循。按照刑事被害人救助规定，只能解决被害人的经济困难。考虑到本案的特殊情况，天津法院创新工作思路，为小旭申请了心理救助专项资金，并与四川法院共同确定了跨省司法救助与心理干预并行的工作方案。目前小旭学习生活状态良好，情绪正常，心理救助初步达到了预期效果。

值得注意的是，除了刑事案件的未成年被害人，家事案件中的未成年人，作为家庭成员也经常被无端地卷入家事纷争之中。法院在审理这类案件时，发现确有需要进行救助的困境儿童，也会积极为他们开展延伸救助工作，充分发挥职能优势，整合专业资源，联合政府部门、教育机构、群团组织等让涉困儿童获得精准救助。

十、江某诉钟某变更抚养关系案

——依法保障未成年人的受教育权

基本案情

原告人江某与被告人钟某于 2009 年 3 月 10 日登记结婚，婚后育有一子，取名江某俊。2011 年 9 月 20 日，双方因感情不和，经法院调解协议离婚，约定儿子江某俊由母亲钟某抚养，江某每月支付抚养费 600 元，直到孩子独立生活为止。

离婚后，钟某将婚姻的不幸转嫁到孩子身上，以种种理由拒绝让父子相见。更为严重的是，钟某无工作，租住在廉租房内靠亲人接济为生，常年闭门不出，也不让江某俊上学读书。江某曾于 2015 年 6 月 8 日向法院起诉要求变更抚养权，后撤回起诉。为了孩子的成长，2016 年 10 月 11 日江某再次向法院提起诉讼要求变更江某俊抚养关系，后经法院主持调解，江某与钟某达成和解协议，江某俊抚养权依然归钟某，江某俊的生活、教育所需费用均由江某承担。江某按约履行了调解书约定的义务，但是钟某拒不履行调解书约定义务。江某俊年满 8 周岁，已达到适学年龄，经法院多次执行，钟某仍拒绝送孩子上学，严重影响了孩子的健康成长，而江某俊爷爷奶奶为了孩子上学，频繁越级上访，导致矛盾激化。

2018 年 3 月，原告江某再次向法院起诉，要求变更儿子抚养关系。为了化解矛盾，法院联合该市未成年保护办公室，妇联、团委、家调委、社区、教育等部门工作人员积极配合，多次上门调解，钟某仍拒绝送孩子上学。经与孩子沟通，孩子表示愿意上学读书，未成年保护办公室和市妇联联合取证，并作为未成年保护组织出庭支持诉讼。

裁判结果

法院经审理认为，适龄儿童接受义务教育是家长的义务，根据市团委、妇联作为未成年人保护组织为江某俊调取的大量证据材料，证明钟某作为法定监护人，剥夺江某俊的受教育权，严重影响了孩子的身心健康发展，侵犯了未成年人的合法权益。为保护江某俊的受教育权，保障其健康成长，法院在事实证据充分的情况下，依法变更江某俊的抚养关系。

典型意义

父母或者其他监护人应当尊重未成年人受教育的权利，必须使适龄未成年人依法入学接受并完成义务教育，不得使接受义务教育的未成年人辍学。与子女共同生活的一方不尽抚养义务，另一方要求变更子女抚养关系的，人民法院应予支持。本案中，江某俊随钟某生活期间，钟某不履行监护义务，拒绝送江某俊上学，不让孩子接受义务教育，严重侵犯了孩子受教育权利。钟某无工作，无住房，无经济来源，无法保障孩子生活、学习所需，且侵犯孩子受教育权，本着儿童利益最大化原则，法官判决支持江某变更抚养关系的诉求。

子女的成长是一个长期的动态过程，随着时间的推移，离婚时协商或判决所依据的父母双方的抚养能力和抚养条件可能会在子女成长过程中产生很大的变化，所以法律出于保证子女的健康成长考虑，允许离婚夫妇以协议或诉讼的方式变更与子女的抚养关系。在抚养的过程中，不光要给予生活保障，学习教育权利更应当保障，如果一方怠于履行义务，人民法院将依法进行抚养关系变更。

[司法解释、司法指导性文件与解读]

最高人民法院　最高人民检察院　公安部
司法部　生态环境部

印发《关于办理环境污染刑事案件有关问题座谈会纪要》的通知

（2019 年 2 月 20 日）

各省、自治区、直辖市高级人民法院、人民检察院、公安厅（局）、司法厅（局）、生态环境厅（局），解放军军事法院、解放军军事检察院，新疆维吾尔自治区高级人民法院生产建设兵团分院，新疆生产建设兵团人民检察院、公安局、司法局、环境保护局：

为深入学习贯彻习近平生态文明思想，认真落实党中央重大决策部署和全国人大常委会决议要求，全力参与和服务保障打好污染防治攻坚战，推进生态文明建设，形成各部门依法惩治环境污染犯罪的合力，2018 年 12 月，最高人民法院、最高人民检察院、公安部、司法部、生态环境部在北京联合召开座谈会。会议交流了当前办理环境污染刑事案件的工作情况，分析了遇到的突出困难和问题，研究了解决措施，对办理环境污染刑事案件中的有关问题形成了统一认识。现将会议纪要印发，请认真组织学习，并在工作中遵照执行。执行中遇到的重大问题，请及时向最高人民法院、最高人民检察院、公安部、司法部、生态环境部请示报告。

附：

最高人民法院　最高人民检察院　公安部
司法部　生态环境部
关于办理环境污染刑事案件有关问题座谈会纪要

2018年6月16日，中共中央、国务院发布《关于全面加强生态环境保护坚决打好污染防治攻坚战的意见》。7月10日，全国人民代表大会常务委员会通过了《关于全面加强生态环境保护依法推动打好污染防治攻坚战的决议》。为深入学习贯彻习近平生态文明思想，认真落实党中央重大决策部署和全国人大常委会决议要求，全力参与和服务保障打好污染防治攻坚战，推进生态文明建设，形成各部门依法惩治环境污染犯罪的合力，2018年12月，最高人民法院、最高人民检察院、公安部、司法部、生态环境部在北京联合召开座谈会。会议交流了当前办理环境污染刑事案件的工作情况，分析了遇到的突出困难和问题，研究了解决措施。会议对办理环境污染刑事案件中的有关问题形成了统一认识。纪要如下：

一

会议指出，2018年5月18日至19日，全国生态环境保护大会在北京胜利召开，习近平总书记出席会议并发表重要讲话，着眼人民福祉和民族未来，从党和国家事业发展全局出发，全面总结党的十八大以来我国生态文明建设和生态环境保护工作取得的历史性成就、发生的历史性变革，深刻阐述加强生态文明建设的重大意义，明确提出加强生态文明建设必须坚持的重要原则，对加强生态环境保护、打好污染防治攻坚战作出了全面部署。这次大会最大的亮点，就是确立了习近平生态文明思想。习近平生态文明思想站在坚持和发展中国特色社会主义、实现中华民族伟大复兴中国梦的战略高度，把生态文明建设摆在治国理政的突出位置，作为统筹推进“五位一体”总体布局和协调推进“四个全面”战略布局的重要内容，深刻回答了为什么建设生态文明、建设什么样的生态文明、怎样建设生态文明的重大理论和实践问题，是习近平新时代中国特色社会主义思想的重要组成部分。各部门要认真学习、深刻领会、全面贯彻习近平生态文明思想，将其作为生态环境行政执法和司法办案的行动指南和根本遵循，为守护绿水青山蓝天、建设美丽中国提供有力保障。

会议强调，打好防范化解重大风险、精准脱贫、污染防治的攻坚战，是以习近平同志为核心的党中央深刻分析国际国内形势，着眼党和国家事业发展全局作出的重大战略部署，对于夺取全面建成小康社会伟大胜利、开启全面建设社会主义现代化强国新征程具有重大的现实意义和深远的历史意义。服从服务党和国家工作大局，充分发挥职能作用，努力为打好打赢三大攻坚战提供优质法治环境和司法保障，是当前和今后一个时期人民法院、人民检察院、公安机关、司法行政机关、生态环境部门的重点任务。

会议指出，2018 年 12 月 19 日至 21 日召开的中央经济工作会议要求，打好污染防治攻坚战，要坚守阵地、巩固成果，聚焦做好打赢蓝天保卫战等工作，加大工作和投入力度，同时要统筹兼顾，避免处置措施简单粗暴。各部门要认真领会会议精神，紧密结合实际，强化政治意识、大局意识和责任担当，以加大办理环境污染刑事案件工作力度作为切入点和着力点，主动调整工作思路，积极谋划工作举措，既要全面履职、积极作为，又要综合施策、精准发力，保障污染防治攻坚战顺利推进。

二

会议要求，各部门要正确理解和准确适用刑法和《最高人民法院、最高人民检察院关于办理环境污染刑事案件适用法律若干问题的解释》（法释〔2016〕29 号，以下称《环境解释》）的规定，坚持最严格的环保司法制度、最严密的环保法治理念，统一执法司法尺度，加大对环境污染犯罪的惩治力度。

1. 关于单位犯罪的认定

会议针对一些地方存在追究自然人犯罪多，追究单位犯罪少，单位犯罪认定难的情况和问题进行了讨论。会议认为，办理环境污染犯罪案件，认定单位犯罪时，应当依法合理把握追究刑事责任的范围，贯彻宽严相济刑事政策，重点打击出资者、经营者和主要获利者，既要防止不当缩小追究刑事责任的人员范围，又要防止打击面过大。

为了单位利益，实施环境污染行为，并具有下列情形之一的，应当认定为单位犯罪：（1）经单位决策机构按照决策程序决定的；（2）经单位实际控制人、主要负责人或者授权的分管负责人决定、同意的；（3）单位实际控制人、主要负责人或者授权的分管负责人得知单位成员个人实施环境污染犯罪行为，并未加以制止或者及时采取措施，而是予以追认、纵容或者默许的；（4）使用单位营业执照、合同书、公章、印鉴等对外开展活动，并调用单位车辆、船舶、生产设备、原辅材料等实施环境污染犯罪行为的。

单位犯罪中的“直接负责的主管人员”，一般是指对单位犯罪起决定、批准、组织、策划、指挥、授意、纵容等作用的主管人员，包括单位实际控制人、主要负责人或者授权的分管负责人、高级管理人员等；“其他直接责任人员”，一般是指在直接负责的主管人员的指挥、授意下积极参与实施单位犯罪或者对具体实施单位犯罪起较大作用的人员。

对于应当认定为单位犯罪的环境污染犯罪案件，公安机关未作为单位犯罪移送审查起诉的，人民检察院应当退回公安机关补充侦查。对于应当认定为单位犯罪的环境污染犯罪案件，人民检察院只作为自然人犯罪起诉的，人民法院应当建议人民检察院对犯罪单位补充起诉。

2. 关于犯罪未遂的认定

会议针对当前办理环境污染犯罪案件中，能否认定污染环境罪（未遂）的问题进行了讨论。会议认为，当前环境执法工作形势比较严峻，一些行为人拒不配合执法检查、接受检查时弄虚作假、故意逃避法律追究的情形时有发生，因此对于行为人已经着手实施非法排放、倾倒、处置有毒有害污染物的行为，由于有关部门查处或者其他意志以外的原因未得逞的情形，可以污染环境罪（未遂）追究刑事责任。

3. 关于主观过错的认定

会议针对当前办理环境污染犯罪案件中，如何准确认定犯罪嫌疑人、被告人主观过错的问题进行了讨论。会议认为，判断犯罪嫌疑人、被告人是否具有环境污染犯罪的故意，应当依据犯罪嫌疑人、被告人的任职情况、职业经历、专业背景、培训经历、本人因同类行为受到行政处罚或者刑事追究情况以及污染物种类、污染方式、资金流向等证据，结合其供述，进行综合分析判断。

实践中，具有下列情形之一，犯罪嫌疑人、被告人不能作出合理解释的，可以认定其故意实施环境污染犯罪，但有证据证明确系不知情的除外：（1）企业没有依法通过环境影响评价，或者未依法取得排污许可证，排放污染物，或者已经通过环境影响评价并且防治污染设施验收合格后，擅自更改工艺流程、原辅材料，导致产生新的污染物质的；（2）不使用验收合格的防治污染设施或者不按规范要求使用的；（3）防治污染设施发生故障，发现后不及时排除，继续生产放任污染物排放的；（4）生态环境部门责令限制生产、停产整治或者予以行政处罚后，继续生产放任污染物排放的；（5）将危险废物委托第三方处置，没有尽到查验经营许可的义务，或者委托处置费用明显低于市场价格或者处置成本的；（6）通过暗管、渗井、渗坑、裂隙、溶洞、灌注等逃避监管的方式排放污染物的；（7）通过篡改、伪造监测数据的方式排放污染物的；（8）其他足以认定的情形。

4. 关于生态环境损害标准的认定

会议针对如何适用《环境解释》第一条、第三条规定的“造成生态环境严重损害的”“造成生态环境特别严重损害的”定罪量刑标准进行了讨论。会议指出，生态环境损害赔偿制度是生态文明制度体系的重要组成部分。党中央、国务院高度重视生态环境损害赔偿工作，党的十八届三中全会明确提出对造成生态环境损害的责任者严格实行赔偿制度。2015 年，中央办公厅、国务院办公厅印发《生态环境损害赔偿制度改革试点方案》（中办发〔2015〕57 号），在吉林等 7 个省市部署开展改革试点，取得明显成效。2017 年，中央办公厅、国务院办公厅印发《生态环境损害赔偿制度改革方案》（中办发〔2017〕68 号），在全国范围内试行生态环境损害赔偿制度。

会议指出，《环境解释》将造成生态环境损害规定为污染环境罪的定罪量刑标准之一，是为了与生态环境损害赔偿制度实现衔接配套，考虑到该制度尚在试行过程中，《环境解释》作了较原则的规定。司法实践中，一些省市结合本地区工作实际制定了具体标准。会议认为，在生态环境损害赔偿制度试行阶段，全国各省（自治区、直辖市）可以结合本地实际情况，因地制宜，因时制宜，根据案件具体情况准确认定“造成生态环境严重损害”和“造成生态环境特别严重损害”。

5. 关于非法经营罪的适用

会议针对如何把握非法经营罪与污染环境罪的关系以及如何具体适用非法经营罪的问题进行了讨论。会议强调，要高度重视非法经营危险废物案件的办理，坚持全链条、全环节、全流程对非法排放、倾倒、处置、经营危险废物的产业链进行刑事打击，查清犯罪网络，深挖犯罪源头，斩断利益链条，不断挤压和铲除此类犯罪滋生蔓延的空间。

会议认为，准确理解和适用《环境解释》第六条的规定应当注意把握两个原则：一要坚持实质判断原则，对行为人非法经营危险废物行为的社会危害性作实质性判断。比如，一些单位或者个人虽未依法取得危险废物经营许可证，但其收集、贮存、利用、处置危险废物经营活动，没有超标排放污染物、非法倾倒污染物或者其他违法造成环境污染情形的，则不宜以非法经营罪论处。二要坚持综合判断原则，对行为人非法经营危险废物行为根据其在犯罪链条中的地位、作用综合判断其社会危害性。比如，有证据证明单位或者个人的无证经营危险废物行为属于危险废物非法经营产业链的一部分，并且已经形成了分工负责、利益均沾、相对固定的犯罪链条，如果行为人或者与其联系紧密的上游或者下游环节具有排放、倾倒、处置危险废物违法造成环境污染的情形，且交易价格明显异常的，对行为人可以根据案件具体情况在污染环境罪和非法经营罪中，择一重罪处断。

6. 关于投放危险物质罪的适用

会议强调，目前我国一些地方环境违法犯罪活动高发多发，刑事处罚威慑力不强的问题仍然突出，现阶段在办理环境污染犯罪案件时必须坚决贯彻落实中央领导同志关于重典治理污染的指示精神，把刑法和《环境解释》的规定用足用好，形成对环境污染违法犯罪的强大震慑。

会议认为，司法实践中对环境污染行为适用投放危险物质罪追究刑事责任时，应当重点审查判断行为人的主观恶性、污染行为恶劣程度、污染物的毒害性危险性、污染持续时间、污染结果是否可逆、是否对公共安全造成现实、具体、明确的危险或者危害等各方面因素。对于行为人明知其排放、倾倒、处置的污染物含有毒害性、放射性、传染病病原体等危险物质，仍实施环境污染行为放任其危害公共安全，造成重大人员伤亡、重大公私财产损失等严重后果，以污染环境罪论处明显不足以罚当其罪的，可以按投放危险物质罪定罪量刑。

实践中，此类情形主要是向饮用水水源保护区，饮用水供水单位取水口和出水口，南水北调水库、干渠、涵洞等配套工程，重要渔业水体以及自然保护区核心区等特殊保护区域，排放、倾倒、处置毒害性极强的污染物，危害公共安全并造成严重后果的情形。

7. 关于涉大气污染环境犯罪的处理

会议针对涉大气污染环境犯罪的打击处理问题进行了讨论。会议强调，打赢蓝天保卫战是打好污染防治攻坚战的重中之重。各级人民法院、人民检察院、公安机关、生态环境部门要认真分析研究全国人大常委会大气污染防治法执法检查发现的问题和提出的建议，不断加大对涉大气污染环境犯罪的打击力度，毫不动摇地以法律武器治理污染，用法治力量保卫蓝天，推动解决人民群众关注的突出大气环境问题。

会议认为，司法实践中打击涉大气污染环境犯罪，要抓住关键问题，紧盯薄弱环节，突出打击重点。对重污染天气预警期间，违反国家规定，超标排放二氧化硫、氮氧化物，受过行政处罚后又实施上述行为或者具有其他严重情节的，可以适用《环境解释》第一条第十八项规定的“其他严重污染环境的情形”追究刑事责任。

8. 关于非法排放、倾倒、处置行为的认定

会议针对如何准确认定环境污染犯罪中非法排放、倾倒、处置行为进行了讨论。会议认为，司法实践中认定非法排放、倾倒、处置行为时，应当根据《固体废物污染环境防治法》和《环境解释》的有关规定精神，从其行为方式是否违反国家规定或者行业操作规范、污染物是否与外环境接触、是否造成环境污染的危险或者危害等方面进行综合分析判断。对名为运输、贮存、利用，实为排放、倾倒、处置的行为应当认定为非法排放、倾倒、处置行为，可以依法追究刑事责任。比如，未采取相应防范措施将没有利用价值的危险废物长期贮存、搁置，放任危险废物或者其有毒有害成分大量扬散、流失、泄漏、挥发，污染环境的。

9. 关于有害物质的认定

会议针对如何准确认定刑法第三百三十八条规定的“其他有害物质”的问题进行了讨论。会议认为，办理非法排放、倾倒、处置其他有害物质的案件，应当坚持主客观相一致原则，从行为人的主观恶性、污染行为恶劣程度、

有害物质危险性毒害性等方面进行综合分析判断，准确认定其行为的社会危害性。实践中，常见的有害物质主要有：工业危险废物以外的其他工业固体废物；未经处理的生活垃圾；有害大气污染物、受控消耗臭氧层物质和有害水污染物；在利用和处置过程中必然产生有毒有害物质的其他物质；国务院生态环境保护主管部门会同国务院卫生主管部门公布的有毒有害污染物名录中的有关物质等。

10. 关于从重处罚情形的认定

会议强调，要坚决贯彻党中央推动长江经济带发展的重大决策，为长江经济带共抓大保护、不搞大开发提供有力的司法保障。实践中，对于发生在长江经济带十一省（直辖市）的下列环境污染犯罪行为，可以从重处罚：（1）跨省（直辖市）排放、倾倒、处置有放射性的废物、含传染病病原体的废物、有毒物质或者其他有害物质的；（2）向国家确定的重要江河、湖泊或者其他跨省（直辖市）江河、湖泊排放、倾倒、处置有放射性的废物、含传染病病原体的废物、有毒物质或者其他有害物质的。

11. 关于严格适用不起诉、缓刑、免予刑事处罚

会议针对当前办理环境污染犯罪案件中如何严格适用不起诉、缓刑、免予刑事处罚的问题进行了讨论。会议强调，环境污染犯罪案件的刑罚适用直接关系加强生态环境保护打好污染防治攻坚战的实际效果。各级人民法院、人民检察院要深刻认识环境污染犯罪的严重社会危害性，正确贯彻宽严相济刑事政策，充分发挥刑罚的惩治和预防功能。要在全面把握犯罪事实和量刑情节的基础上严格依照刑法和刑事诉讼法规定的条件适用不起诉、缓刑、免予刑事处罚，既要考虑从宽情节，又要考虑从严情节；既要做到刑罚与犯罪相当，又要做到刑罚执行方式与犯罪相当，切实避免不起诉、缓刑、免予刑事处罚不当适用造成的消极影响。

会议认为，具有下列情形之一的，一般不适用不起诉、缓刑或者免予刑事处罚：（1）不如实供述罪行的；（2）属于共同犯罪中情节严重的主犯的；（3）犯有数个环境污染犯罪依法实行并罚或者以一罪处理的；（4）曾因环境污染违法犯罪行为受过行政处罚或者刑事处罚的；（5）其他不宜适用不起诉、缓刑、免予刑事处罚的情形。

会议要求，人民法院审理环境污染犯罪案件拟适用缓刑或者免予刑事处罚

的，应当分析案发前后的社会影响和反映，注意听取控辩双方提出的意见。对于情节恶劣、社会反映强烈的环境污染犯罪，不得适用缓刑、免予刑事处罚。人民法院对判处缓刑的被告人，一般应当同时宣告禁止令，禁止其在缓刑考验期内从事与排污或者处置危险废物有关的经营活动。生态环境部门根据禁止令，对上述人员担任实际控制人、主要负责人或者高级管理人员的单位，依法不得发放排污许可证或者危险废物经营许可证。

三

会议要求，各部门要认真执行《环境解释》和原环境保护部、公安部、最高人民检察院《环境保护行政执法与刑事司法衔接工作办法》（环环监〔2017〕17号）的有关规定，进一步理顺部门职责，畅通衔接渠道，建立健全环境行政执法与刑事司法衔接的长效工作机制。

12. 关于管辖的问题

会议针对环境污染犯罪案件的管辖问题进行了讨论。会议认为，实践中一些环境污染犯罪案件属于典型的跨区域刑事案件，容易存在管辖不明或者有争议的情况，各级人民法院、人民检察院、公安机关要加强沟通协调，共同研究解决。

会议提出，跨区域环境污染犯罪案件由犯罪地的公安机关管辖。如果由犯罪嫌疑人居住地的公安机关管辖更为适宜的，可以由犯罪嫌疑人居住地的公安机关管辖。犯罪地包括环境污染行为发生地和结果发生地。“环境污染行为发生地”包括环境污染行为的实施地以及预备地、开始地、途经地、结束地以及排放、倾倒污染物的车船停靠地、始发地、途经地、到达地等地点；环境污染行为有连续、持续或者继续状态的，相关地方都属于环境污染行为发生地。“环境污染结果发生地”包括污染物排放地、倾倒地、堆放地、污染发生地等。

多个公安机关都有权立案侦查的，由最初受理的或者主要犯罪地的公安机关立案侦查，管辖有争议的，按照有利于查清犯罪事实、有利于诉讼的原则，由共同的上级公安机关协调确定的公安机关立案侦查，需要提请批准逮捕、移送审查起诉、提起公诉的，由该公安机关所在地的人民检察院、人民法院受理。

13. 关于危险废物的认定

会议针对危险废物如何认定以及是否需要鉴定的问题进行了讨论。会议认为，根据《环境解释》的规定精神，对于列入《国家危险废物名录》的，如果来源和相应特征明确，司法人员根据自身专业技术知识和工作经验认定难度不大的，司法机关可以依据名录直接认定。对于来源和相应特征不明确的，由生态环境部门、公安机关等出具书面意见，司法机关可以依据涉案物质的来源、产生过程、被告人供述、证人证言以及经批准或者备案的环境影响评价文件等证据，结合上述书面意见作出是否属于危险废物的认定。对于需要生态环境部门、公安机关等出具书面认定意见的，区分下列情况分别处理：（1）对已确认固体废物产生单位，且产废单位环评文件中明确为危险废物的，根据产废单位建设项目环评文件和审批、验收意见、案件笔录等材料，可对照《国家危险废物名录》等出具认定意见。（2）对已确认固体废物产生单位，但产废单位环评文件中未明确为危险废物的，应进一步分析废物产生工艺，对照判断其是否列入《国家危险废物名录》。列入名录的可以直接出具认定意见；未列入名录的，应根据原辅材料、产生工艺等进一步分析其是否具有危险特性，不可能具有危险特性的，不属于危险废物；可能具有危险特性的，抽取典型样品进行检测，并根据典型样品检测指标浓度，对照《危险废物鉴别标准》（GB5085. 1－7）出具认定意见。（3）对固体废物产生单位无法确定的，应抽取典型样品进行检测，根据典型样品检测指标浓度，对照《危险废物鉴别标准》（GB5085. 1－7）出具认定意见。对确需进一步委托有相关资质的检测鉴定机构进行检测鉴定的，生态环境部门或者公安机关按照有关规定开展检测鉴定工作。

14. 关于鉴定的问题

会议指出，针对当前办理环境污染犯罪案件中存在的司法鉴定有关问题，司法部将会同生态环境部，加快准入一批诉讼急需、社会关注的环境损害司法鉴定机构，加快对环境损害司法鉴定相关技术规范和标准的制定、修改和认定工作，规范鉴定程序，指导各地司法行政机关会同价格主管部门制定出台环境损害司法鉴定收费标准，加强与办案机关的沟通衔接，更好地满足办案机关需求。

会议要求，司法部应当根据《关于严格准入严格监管提高司法鉴定质量和公信力的意见》（司发〔2017〕11号）的要求，会同生态环境部加强对环境损害司法鉴定机构的事中事后监管，加强司法鉴定社会信用体系建设，建立黑名单制度，完善退出机制，及时向社会公开违法违规的环境损害司法鉴定机构和鉴定人行政处罚、行业惩戒等监管信息，对弄虚作假造成环境损害鉴定评估结论严重失实或者违规收取高额费用、情节严重的，依法撤销登记。鼓励有关单位或者个人向司法部、生态环境部举报环境损害司法鉴定机构的违法违规行为。

会议认为，根据《环境解释》的规定精神，对涉及案件定罪量刑的核心或者关键专门性问题难以确定的，由司法鉴定机构出具鉴定意见。实践中，这类核心或者关键专门性问题主要是案件具体适用的定罪量刑标准涉及的专门性问题，比如公私财产损失数额、超过排放标准倍数、污染物性质判断等。对案件的其他非核心或者关键专门性问题，或者可鉴定也可不鉴定的专门性问题，一般不委托鉴定。比如，适用《环境解释》第一条第二项“非法排放、倾倒、处置危险废物三吨以上”的规定对当事人追究刑事责任的，除可能适用公私财产损失第二档定罪量刑标准的以外，则不应再对公私财产损失数额或者超过排放标准倍数进行鉴定。涉及案件定罪量刑的核心或者关键专门性问题难以鉴定或者鉴定费用明显过高的，司法机关可以结合案件其他证据，并参考生态环境部门意见、专家意见等作出认定。

15. 关于监测数据的证据资格问题

会议针对实践中地方生态环境部门及其所属监测机构委托第三方监测机构出具报告的证据资格问题进行了讨论。会议认为，地方生态环境部门及其所属监测机构委托第三方监测机构出具的监测报告，地方生态环境部门及其所属监测机构在行政执法过程中予以采用的，其实质属于《环境解释》第十二条规定的“环境保护主管部门及其所属监测机构在行政执法过程中收集的监测数据”，在刑事诉讼中可以作为证据使用。

解读——《关于办理环境污染刑事案件有关问题座谈会纪要》

周加海　喻海松*

日前，最高人民法院、最高人民检察院、公安部、司法部、生态环境部联合印发《关于办理环境污染刑事案件有关问题座谈会纪要》（以下简称《纪要》）。这是习近平生态文明思想确立以来，“两高三部”第一次就办理环境污染刑事案件有关问题联合出台专门文件。为便于司法实践中正确理解和适用，现就《纪要》的制定背景与经过、起草中的主要考虑和主要内容介绍如下。

一、《纪要》的制定背景与经过

2018年5月18日至19日，全国生态环境保护大会在北京胜利召开，习近平总书记出席会议并发表重要讲话，着眼人民福祉和民族未来，从党和国家事业发展全局出发，全面总结党的十八大以来我国生态文明建设和生态环境保护工作取得的历史性成就、发生的历史性变革，深刻阐述加强生态文明建设的重大意义，明确提出加强生态文明建设必须坚持的重要原则，对加强生态环境保护、打好污染防治攻坚战作出了全面部署。这次大会最大的亮点，就是确立了习近平生态文明思想。习近平生态文明思想站在坚持和发展中国特色社会主义、实现中华民族伟大复兴中国梦的战略高度，把生态文明建设摆在治国理政的突出位置，作为统筹推进“五位一体”总体布局和协调推进“四个全面”战略布局的重要内容，深刻回答了为什么建设生态文明、建设什么样的生态文明、怎样建设生态文明的重大理论和实践问题，是习近平新时代中国特色社会主义思想的重要组成部分。

1997年刑法施行以来，最高人民法院单独或者会同最高人民检察院，就环境污染犯罪先后3次出台专门司法解释，充分体现了最高司法机关对环境保

* 作者单位：最高人民法院。

护的高度重视。特别是，最高人民法院、最高人民检察院《关于办理环境污染刑事案件适用法律若干问题的解释》（法释〔2016〕29号，以下简称《解释》）自2017年1月1日施行以来，各级公检法机关和环保部门依法查处环境污染犯罪，进一步加大惩治力度，取得了良好效果。以污染环境罪为例，人民法院审理的刑事案件量持续增长，年均超过2000件。据统计，2017年、2018年人民法院新收污染环境刑事案件2344件、2409件，审结2258件、2204件。与之同时，在环境污染犯罪的惩治向纵深推进过程中，司法实践中也出现了一些新的情况和问题，如追究自然人犯罪多单位犯罪少，非法经营罪的适用标准不统一，危险废物如何认定以及是否需要鉴定存在不同认识，司法鉴定亟须规范和收费过高，等等。有效解决办理环境污染刑事案件中的有关难题，进一步统一法律适用标准，是充分发挥生态环境行政执法和司法办案的职能作用，为守护绿水青山蓝天、建设美丽中国提供有力保障的前提和基础。

2018年6月16日，中共中央、国务院下发《关于全面加强生态环境保护坚决打好污染防治攻坚战的意见》。同年7月10日，全国人民代表大会常务委员会通过了《关于全面加强生态环境保护依法推动打好污染防治攻坚战的决议》。为深入学习贯彻习近平生态文明思想，认真落实党中央重大决策部署和全国人大常委会决议要求，全力参与和服务保障打好污染防治攻坚战，推进生态文明建设，形成各部门依法惩治环境污染犯罪的合力，2018年12月，最高人民法院、最高人民检察院、公安部、司法部、生态环境部在北京联合召开座谈会。会议交流了当前办理环境污染刑事案件的工作情况，分析了遇到的突出困难和问题，研究了解决措施。会议对办理环境污染相关案件中的有关问题达成统一认识，形成《纪要》，于2019年2月以"两高三部"名义正式对外发布。

二、《纪要》起草中的主要考虑

为确保《纪要》的内容科学合理，能够适应形势发展、满足司法实践需要，在起草过程中，着重注意把握了以下几点：

一是坚持以习近平生态文明思想为根本遵循。习近平生态文明思想内涵十分丰富，用最严格的制度保护生态环境的严密法治观是其重要组成部分。习近平总书记指出，只有实行最严格的制度、最严密的法治，才能为生态文明建设提供可靠保障。这也是研究起草《纪要》的指导思想。针对当前一些地方环境违法犯罪活动高发多发，刑事处罚威慑力不强的问题，《纪要》突出了从严惩治环境污染犯罪的精神，要求坚持最严格的环保司法制度、最严密的环保法治理念，统一执法司法尺度，加大对环境污染犯罪的惩治力度。

二是贯彻体现宽严相济刑事政策。《纪要》根据实践情况，要求正确贯彻宽严相济刑事政策，充分发挥刑罚的惩治和预防功能。特别是，在刑罚适用方面，要全面把握犯罪事实和量刑情节，既要考虑从宽情节，又要考虑从严情节，严格依照刑法和刑事诉讼法规定的条件适用刑罚，确保罪责刑相适应。

三是切实解决办案实际中的难题。针对当前办理环境污染刑事案件中的重点难点问题，特别是对单位犯罪的认定、非法经营罪的适用、涉大气污染环境犯罪的处理、司法鉴定等近年来地方执法司法机关反映比较集中的具体问题，《纪要》作出明确规定，以有效解决此类犯罪取证难、鉴定难、认定难等实际问题。

三、《纪要》的主要内容

《纪要》根据当前办理环境污染刑事案件的工作情况，依照刑法、刑事诉讼法的规定，对办案过程中遇到的突出问题作了具体规定。大体而言，《纪要》的相关规定可以归纳为如下15个方面的问题：

（一）关于单位犯罪的认定

当前，一些地方办理环境污染犯罪案件，存在追究自然人犯罪多，追究单位犯罪少，单位犯罪认定难的问题。对此，《纪要》作了专门规定。

一是依法合理把握追究刑事责任的范围。《纪要》要求在办理单位环境污染刑事案件时贯彻宽严相济刑事政策的要求，依法合理把握追究刑事责任的范围，“重点打击出资者、经营者和主要获利者，既要防止不当缩小追究刑事责任的人员范围，又要防止打击面过大”。特别是，要合理把握单位犯罪中直接负责的主管人员和其他直接责任人员的范围。根据《纪要》的规定，单位犯罪中的直接负责的主管人员，一般是指对单位犯罪起决定、批准、组织、策划、指挥、授意、纵容等作用的主管人员，包括单位实际控制人、主要负责人或者授权的分管负责人、高级管理人员等；其他直接责任人员，一般是指在直接负责的主管人员的指挥、授意下积极参与实施单位犯罪或者对具体实施单位犯罪起较大作用的人员。

二是单位犯罪的认定情形。根据《纪要》的规定，为了单位利益，实施环境污染行为，并具有下列情形之一的，应当认定为单位犯罪：（1）经单位决策机构按照决策程序决定的；（2）经单位实际控制人、主要负责人或者授权的分管负责人决定、同意的；（3）单位实际控制人、主要负责人或者授权的分管负责人得知单位成员个人实施环境污染犯罪行为，并未加以制止或者及时采取措施，而是予以追认、纵容或者默许的；（4）使用单位营业执照、合同书、公章、印鉴等对外开展活动，并调用单位车辆、船舶、生产设备、原辅材料等实施环境污染犯罪行为的。

三是单位犯罪的补充起诉机制。《纪要》规定："对于应当认定为单位犯罪的环境污染犯罪案件，公安机关未作为单位犯罪移送审查起诉的，人民检察院应当退回公安机关补充侦查。对于应当认定为单位犯罪的环境污染犯罪案件，人民检察院只作为自然人犯罪起诉的，人民法院应当建议人民检察院对犯罪单位补充起诉。"需要注意的是，根据《最高人民法院关于适用〈中华人民共和国刑事诉讼法〉的解释》（法释〔2012〕21号）第二百八十三条的规定，在建议人民检察院对犯罪单位补充起诉的情形下，如果人民检察院仍以自然人犯罪起诉的，人民法院应当依法审理，按照单位犯罪中的直接负责的主管人员或者其他直接责任人员追究刑事责任，并援引刑法分则关于追究单位犯罪中直接负责的主管人员和其他直接责任人员刑事责任的条款。

（二）关于犯罪未遂的认定

司法实践中，对于污染环境未遂的认定和处理，存在不同认识。对此，《纪要》规定："对于行为人已经着手实施非法排放、倾倒、处置有毒有害污染物的行为，由于有关部门查处或者其他意志以外的原因未得逞的情形，可以污染环境罪（未遂）追究刑事责任。"司法适用中，需要注意的是：（1）对于犯罪未遂的认定，以行为人着手实施非法排放、倾倒、处置有毒有害污染物的行为为前提，故应当准确判断"着手"。对于排放、倾倒危险废物"着手"的判断，通常不存在问题。相比之下，处置危险废物"着手"的判断较为复杂，须妥当把握。（2）根据刑法第二十三条第二款的规定，对于未遂犯，可以比照既遂犯从轻或者减轻处罚。鉴于未遂造成的社会危害性相对较小，参照以往司法解释的相关规定，实践中对未遂的定罪量刑标准可以把握为既遂标准的3

倍以上。(3) 实践中存在部分既遂、部分未遂的情形，参照以往司法解释的规定，对此不宜将数量简单相加，可以分别评价既遂情节和未遂情节，在认定全案既遂的前提下，在处罚较重的法定刑幅度内酌情从重处罚。例如，行为人用罐车装有10吨的危险废物并开往某河流旁倾倒，在倾倒完1吨时被环保执法人员及时制止，对于此案可以依法认定行为人非法倾倒危险废物既遂1吨，未遂9吨，依照上述规则作出处理。

(三) 关于主观过错的认定

司法实践中，对于环境污染犯罪特别是污染环境罪的主观罪过形式，存在不同认识。鉴于司法实践中环境污染犯罪的主观罪过形式通常表现为故意，故《纪要》对判断行为人是否具有环境污染犯罪的故意作出专门规定。

一是综合分析判断规则。《纪要》规定："判断犯罪嫌疑人、被告人是否具有环境污染犯罪的故意，应当依据犯罪嫌疑人、被告人的任职情况、职业经历、专业背景、培训经历、本人因同类行为受到行政处罚或刑事追究情况以及污染物种类、污染方式、资金流向等证据，结合其供述，进行综合分析判断。"

二是主观故意推定规则。根据《纪要》的规定，具有下列情形之一，犯罪嫌疑人、被告人不能作出合理解释的，可以认定其故意实施环境污染犯罪，但有证据证明确系不知情的除外：(1) 企业没有依法通过环境影响评价，或者未依法取得排污许可证，排放污染物，或者已经通过环境影响评价并且防治污染设施验收合格后，擅自更改工艺流程、原辅材料，导致产生新的污染物质的；(2) 不使用验收合格的防治污染设施或者不按规范要求使用的；(3) 防治污染设施发生故障，发现后不及时排除，继续生产放任污染物排放的；(4) 生态环境部门责令限制生产、停产整治或者予以行政处罚后，继续生产放任污染物排放的；(5) 将危险废物委托第三方处置，没有尽到查验经营许可的义务，或者委托处置费用明显低于市场价格或者处置成本的；(6) 通过暗管、渗井、渗坑、裂隙、溶洞、灌注等逃避监管的方式排放污染物的；(7) 通过篡改、伪造监测数据的方式排放污染物的；(8) 其他足以认定的情形。

(四) 关于生态环境损害标准的认定

生态环境损害赔偿制度是生态文明制度体系的重要组成部分。党的十八届三中全会明确提出对造成生态环境损害的责任者严格实行赔偿制度。2015年，中央办公厅、国务院办公厅印发《生态环境损害赔偿制度改革试点方案》(中办发〔2015〕57号)，在吉林等7个省市部署开展改革试点，取得明显成效。2017年，中央办公厅、国务院办公厅印发《生态环境损害赔偿制度改革方案》(中办发〔2017〕68号)，在全国范围内试行生态环境损害赔偿制度。《生态文明体制改革总体方案》提出："严格实行生态环境损害赔偿制度。强化生产者环境保护法律责任，大幅度提高违法成本。""对造成生态环境损害的，以损害程度等因素依法确定赔偿额度；对造成严重后果的，依法追究刑事责任。"根据这一要求，《最高人民法院、最高人民检察院关于办理环境污染刑事案件适用法律若干问题的解释》(以下简称《解释》)将生态环境损害因素纳入考量范围，第一条第（十）项将"造成生态环境严重损害"规定为严重污染环境的情形，第三条第（六）项将"造成生态环境特别严重损害"规定为后果特别严重的情形。

需要注意的是，《解释》将造成生态环境损害规定为污染环境罪的定罪量刑标准之一，是为了与生态环境损害赔偿制度实现衔接配套。考虑到该制度尚在试行过程中，《解释》作了较原则的规定。司法实践中，一些省市结合本地区工作实际制定了具体标准。《纪要》规定："在生态环境损害赔偿制度试行阶段，全国各省（自治区、直辖市）可以结合本地实际情况，因地制宜，因时制宜，根据案件具体情况准确认定'造成生态环境严重损害'和'造成生态环境特别严重损害'。"《解释》第十七条第五款规定："本解释所称'生态环境损害'，包括生态环境修复费用，生态环境修复期间服务功能的损失和生态环境功能永久性损害造成的损失，以及其他必要合理费用。"因此，实践中可以根据上述界定，结合本地实际情况，准确判断污染环境行为造成生态环境损害的程度，准确认定是否达到造成生态环境严重损害和造成生态环境特别严重损害。

（五）关于非法经营罪的适用

《解释》第六条规定："无危险废物经营许可证从事收集、贮存、利用、处置危险废物经营活动，严重污染环境的，按照污染环境罪定罪处罚；同时构成非法经营罪的，依照处罚较重的规定定罪处罚。""实施前款规定的行为，不具有超标排放污染物、非法倾倒污染物或者其他违法造成环境污染的情形的，可以认定为非法经营情节显著轻微危害不大，不认为是犯罪；构成生产、销售伪劣产品等其他犯罪的，以其他犯罪论处。"《纪要》要求坚持全链条、全环节、全流程对非法排放、倾倒、处置、经营危险废物的产业链进行刑事打击，查清犯罪网络，深挖犯罪源头，斩断利益链条，不断挤压和铲除此类犯罪滋生蔓延的空间。特别是，针对《解释》第六条规定的准确理解和适用，《纪要》要求注意把握两项原则。

一是坚持实质判断原则，对行为人非法经营危险废物行为的社会危害性作实质性判断。《解释》第六条确立了无危险废物经营许可证从事收集、贮存、利用、处置危险废物经营活动的入罪以违法造成环境污染为实质要件，未违法造成环境污染的，通常可以认定为情节显著轻微危害不大，不认为是犯罪。比如，一些单位或者个人虽未依法取得危险废物经营许可证，但其收集、贮存、利用、处置危险废物经营活动，没有违法造成环境污染情形的，则不宜以非法经营罪论处，也不宜以污染环境罪论处。需要注意的是，对于违法造成环境污染要件的判断应当采取相对宽泛的标准，即不要求一定达到《解释》第一条第（二）项以外其他项规定的严重污染环境的具体情形。例如，未按照规定安装特定污染防治设施，处置过程中超过标准排放污染物（虽然未达到超过特定标准3倍以上），或者将处置剩余的污染物违反规定倾倒的，可以认定为具备违法造成环境污染的要件。

二要坚持综合判断原则，对行为人非法经营危险废物行为根据其在犯罪链条中的地位、作用综合判断其社会危害性。比如，有证据证明单位或者个人的无证经营危险废物行为属于危险废物非法经营产业链的一部分，并且已经形成了分工负责、利益均沾、相对固定的犯罪链条，如果行为人或者与其联系紧密的上游或者下游环节具有排放、倾倒、处置危险废物违法造成环境污染的情形，且交易价格明显异常的，对行为人可以根据案件具体情况，在污染环境罪和非法经营罪中择一重罪处断。

（六）关于投放危险物质罪的适用

违规排放、倾倒或者处置有放射性的废物、含传染病病原体的废物、有毒物质，不仅严重污染环境，还可能危害公共安全，此时污染环境罪就可能与投放危险物质罪竞合，宜择一重罪处断。因此，《解释》第八条规定：“违反国家规定，排放、倾倒、处置含有毒害性、放射性、传染病病原体等物质的污染物，同时构成污染环境罪、非法处置进口的固体废物罪、投放危险物质罪等犯罪的，依照处罚较重的规定定罪处罚。”在此基础上，《纪要》对投放危险物质罪的适用作了专门规定。

一是用足用好刑法和《解释》的规定。目前，我国一些地方环境违法犯罪活动高发多发，刑事处罚威慑力不强的问题仍然突出。因此，《纪要》要求，现阶段在办理环境污染犯罪案件时必须坚决贯彻落实中央领导同志关于重典治理污染的指示精神，把刑法和《解释》的规定用足用好，形成对环境污染违法犯罪的强大震慑。

二是准确适用投放危险物质罪。司法适用中，对污染环境的行为应当原则上适用污染环境罪，适用投放危险物质罪的，应当特别慎重，准确查明主客观方面的情况。《纪要》规定："司法实践中对环境污染行为适用投放危险物质罪追究刑事责任时，应当重点审查判断行为人的主观恶性、污染行为恶劣程度、污染物的毒害性危险性、污染持续时间、污染结果是否可逆、是否对公共安全造成现实、具体、明确的危险或者危害等各方面因素。"而且，对污染环境行为适用投放危险物质罪，主要是基于罪责刑相适应的考虑，对此应当特别注意把握。基于此，《纪要》专门规定，对于行为人明知其排放、倾倒、处置的污染物含有毒害性、放射性、传染病病原体等危险物质，仍实施环境污染行为放任其危害公共安全，造成重大人员伤亡、重大公私财产损失等严重后果，以污染环境罪论处明显不足以罚当其罪的，可以依照《解释》第八条的规定，以投放危险物质罪定罪量刑。具体而言，实践中此类情形主要是向饮用水水源保护区，饮用水供水单位取水口和出水口，南水北调水库、干渠、涵洞等配套工程，重要渔业水体以及自然保护区核心区等特殊保护区域，排放、倾倒、处置毒害性极强的污染物，危害公共安全并造成严重后果的情形。

（七）关于涉大气污染环境犯罪的处理

大气污染是人民群众感受最为直接、反应最为强烈的环境问题。但是，由于大气污染物流动性大、稀释速度快等原因，提取固定证据困难，给查处此类犯罪带来较大实际困难。基于此，《纪要》要求抓住关键问题，紧盯薄弱环节，突出打击重点，推动解决人民群众关注的突出大气环境问题。大气污染防治法第九十三条第一款规定："国家建立重污染天气监测预警体系。"第九十六条第一款规定："县级以上地方人民政府应当依据重污染天气的预警等级，及时启动应急预案，根据应急需要可以采取责令有关企业停产或者限产、限制部分机动车行驶、禁止燃放烟花爆竹、停止工地土石方作业和建筑物拆除施工、停止露天烧烤、停止幼儿园和学校组织的户外活动、组织开展人工影响天气作业等应急措施。”可见，在重污染天气预警期间，违反国家规定，超标排放二氧化硫、氮氧化物，社会危害性更大。为切实加大对涉大气污染环境犯罪的打击力度，《纪要》规定，受过行政处罚后又实施上述行为或者具有其他严重情节的，可以适用《解释》第一条第（十八）项规定的其他严重污染环境的情形追究刑事责任。司法适用中需要妥当把握《纪要》上述规定与《解释》第四条第（三）项规定的“在重污染天气预警期间、突发环境事件处置期间或者被责令限期整改期间，违反国家规定排放、倾倒、处置有放射性的废物、含传染病病原体的废物、有毒物质或者其他有害物质”这一从重处罚情节的关系，对于对重污染天气预警期间，违规超标排放二氧化硫、氮氧化物，受过行政处罚后又实施上述行为或者具有其他严重情节的，如果根据《纪要》的规定适用《解释》第一条第（十八）项规定的其他严重污染环境的情形追究刑事责任的，不能再适用《解释》第四条第（三）项的规定从重处罚，以避免重复评价。

（八）关于非法排放、倾倒、处置行为的认定

根据刑法第三百三十八条的规定，污染环境罪的客观方面限于排放、倾倒、处置三种行为方式。司法实践中，一方面要严格遵循罪刑法定原则的要求，避免将非法运输、贮存等其他行为不当以污染环境罪追究刑事责任；另一方面，也要准确认定非法排放、倾倒、处置行为，特别是防止名为运输、贮存，实为排放、倾倒、处置的行为逃脱刑事法律制裁。基于此，《纪要》要求根据《固体废物污染环境防治法》和《解释》的有关规定精神准确认定非法排放、倾倒、处置行为，特别是“应当从其行为方式是否违反国家规定或者行业操作规范、污染物是否与外环境接触、是否造成环境污染的危险或者危害等方面进行综合分析判断。对名为运输、贮存、利用，实为排放、倾倒、处置的行为应当认定为非法排放、倾倒、处置行为，可以依法追究刑事责任。比如，未采取相应防范措施将没有利用价值的危险废物长期贮存、搁置，放任危险废物或者其有毒有害成分大量扬散、流失、泄漏、挥发，污染环境的。”

（九）关于有害物质的认定

根据刑法第三百三十八条的规定，构成污染环境罪，排放、倾倒或者处置的须为“有放射性废物、含传染病病原体的废物、有毒物质或者其他有害物

质”。鉴于其他有害物质的范围十分宽泛，交由司法实践裁量把握可以更好地适应具体案件的复杂情况，《解释》未作明确界定。根据当前司法适用中的具体情况，《纪要》对如何准确认定刑法第三百三十八条规定的其他有害物质作了专门规定。

一是坚持主客观相一致原则。《纪要》规定：“办理非法排放、倾倒、处置其他有害物质的案件，应当坚持主客观相一致原则，从行为人的主观恶性、污染行为恶劣程度、有害物质危险性毒害性等方面进行综合分析判断，准确认定其行为的社会危害性。”

二是把握常见的有害物质形式。根据《纪要》的规定，实践中常见的有害物质主要有：工业危险废物以外的其他工业固体废物；未经处理的生活垃圾；有害大气污染物、受控消耗臭氧层物质和有害水污染物；在利用和处置过程中必然产生有毒有害物质的其他物质；国务院生态环境保护主管部门会同国务院卫生主管部门公布的有毒有害污染物名录中的有关物质等。

（十）关于从重处罚情形的认定

长江是中华民族的母亲河，也是中华民族发展的重要支撑。推动长江经济带发展是党中央作出的重大决策，是关系国家发展全局的重大战略。服务长江生态高水平保护和经济社会高质量发展，为长江经济带共抓大保护、不搞大开发提供有力保障，是司法等有关部门肩负的重大政治责任、社会责任和法律责任。为充分发挥刑法的威慑功能，体现宽严相济刑事政策依法从“严”的政策要求，《纪要》明确对于发生在长江经济带十一省（直辖市）的下列环境污染犯罪行为，可以从重处罚：（1）跨省（直辖市）排放、倾倒、处置有放射性的废物、含传染病病原体的废物、有毒物质或者其他有害物质的；（2）向国家确定的重要江河、湖泊或者其他跨省（直辖市）江河、湖泊排放、倾倒、处置有放射性的废物、含传染病病原体的废物、有毒物质或者其他有害物质的。

（十一）关于严格适用不起诉、缓刑、免予刑事处罚

环境污染刑事案件的刑罚适用直接关系加强生态环境保护打好污染防治攻坚战的实际效果。从近年来环境污染刑事案件的刑罚适用情况来看，各级人民法院、人民检察院准确把握宽严相济刑事政策的要求，准确适用刑罚，严格适用不起诉、缓刑、免予刑事处罚。特别是，准确依法适用缓刑，环境污染犯罪

的缓刑适用率与全部刑事案件的缓刑适用率基本持平。为更好地体现宽严相济刑事政策的要求，《纪要》对环境污染犯罪案件的刑罚适用，特别是不起诉、缓刑、免予刑事处罚的适用作出专门规定。

一是依法适用刑罚。《纪要》规定："要在全面把握犯罪事实和量刑情节的基础上严格依照刑法和刑事诉讼法规定的条件适用不起诉、缓刑、免予刑事处罚，既要考虑从宽情节，又要考虑从严情节；既要做到刑罚与犯罪相当，又要做到刑罚执行方式与犯罪相当，切实避免不起诉、缓刑、免予刑事处罚不当适用造成的消极影响。"

二是明确一般不适用不起诉、缓刑或者免予刑事处罚的情形。根据《纪要》的规定，具有下列情形之一的，一般不适用不起诉、缓刑或者免予刑事处罚：(1) 不如实供述罪行的；(2) 属于共同犯罪中情节严重的主犯的；(3) 犯有数个环境污染犯罪依法实行并罚或者以一罪处理的；(4) 曾因环境污染违法犯罪行为受过行政处罚或者刑事处罚的；(5) 其他不宜适用不起诉、缓刑、免予刑事处罚的情形。

三是严格适用不起诉、缓刑或者免予刑事处罚。根据《纪要》的规定，人民法院审理环境污染刑事案件拟适用缓刑或者免予刑事处罚的，应当分析案发前后的社会影响和反映，注意听取控辩双方提出的意见。对于情节恶劣、社会反映强烈的环境污染犯罪，不得适用缓刑、免予刑事处罚。人民法院对判处缓刑的被告人，一般应当同时宣告禁止令，禁止其在缓刑考验期内从事与排污或者处置危险废物有关的经营活动。生态环境部门根据禁止令，对上述人员担任实际控制人、主要负责人或者高级管理人员的单位，依法不得发放排污许可证或者危险废物经营许可证。

(十二) 关于管辖的问题

实践中，一些环境污染犯罪案件属于典型的跨区域刑事案件，容易存在管辖不明或者有争议的情况。基于此，《纪要》专门对环境污染犯罪案件的管辖问题作出专门规定。

一是跨区域环境污染犯罪案件管辖地。《纪要》规定："跨区域环境污染案件由犯罪地的公安机关管辖。如果由犯罪嫌疑人居住地的公安机关管辖更为适宜的，可以由犯罪嫌疑人居住地的公安机关管辖。犯罪地包括环境污染行为发生地和结果发生地。'环境污染行为发生地'包括环境污染行为的实施地以及预备地、开始地、途经地、结束地以及倾倒、排放污染物的车船停靠地、始发地、途经地、到达地等地点；环境污染行为有连续、持续或者继续状态的，相关地方都属于环境污染行为发生地。‘环境污染结果发生地’包括污染物排放地、倾倒地、堆放地、污染发生地等。”

二是管辖争议的处理。《纪要》规定：“多个公安机关都有权立案侦查的，由最初受理的或者主要犯罪地的公安机关立案侦查，管辖有争议的，按照有利于查清犯罪事实、有利于诉讼的原则，由共同的上级公安机关协调确定的公安机关立案侦查，需要提请批准逮捕、移送审查起诉、提起公诉的，由该公安机关所在地的人民检察院、人民法院受理。”

（十三）关于危险废物的认定

根据《解释》第十五条第（一）项的规定，危险废物是指列入《国家危险废物名录》，或者根据国家规定的危险废物鉴别标准和鉴别方法认定的，具有危险特性的废物。《解释》第十三条规定：“对国家危险废物名录所列的废物，可以依据涉案物质的来源、产生过程、被告人供述、证人证言以及经批准或者备案的环境影响评价文件等证据，结合环境保护主管部门、公安机关等出具的书面意见作出认定。”具体适用中，对危险废物如何认定以及是否需要鉴定，仍存在不同认识。为统一司法适用，《纪要》对此规定区分情况作出处理。

一是对于列入《国家危险废物名录》的，如果来源和相应特征明确，司法人员根据自身专业技术知识和工作经验认定难度不大的，司法机关可以依据名录直接认定。《国家危险废物名录》对于废物类别、行业来源（危险废物的产生源）、废物代码、危险特性（指腐蚀性、毒性、易燃性、反应性和感染性）均有明确描述，特别是对废物系在何生产阶段产生均有叙述。因此，实践中，如果根据涉案物品来源和相应特征可以认定确系列入名录的危险废物的，可以依据名录直接认定为危险废物。

二是对于来源和相应特征不明确的，由生态环境部门、公安机关等出具书面意见，司法机关可以依据涉案物质的来源、产生过程、被告人供述、证人证言以及经批准或者备案的环境影响评价文件等证据，结合上述书面意见作出是否属于危险废物的认定。根据《解释》第十三条的规定，此种情形下应当由生态环境部门、公安机关等对涉案物品是否系危险废物出具书面意见。具体而言，对于需要生态环境部门、公安机关等出具书面认定意见的，区分下列情况分别处理：

1. 对已确认固体废物产生单位，且产废单位环评文件中明确为危险废物的，根据产废单位建设项目环评文件和审批、验收意见、案件笔录等材料，可对照《国家危险废物名录》等出具认定意见。

2. 对已确认固体废物产生单位，但产废单位环评文件中未明确为危险废物的，应进一步分析废物产生工艺，对照判断其是否列入《国家危险废物名录》。列入名录的可直接出具认定意见；未列入名录的，应根据原辅材料、产生工艺等进一步分析其是否具有危险特性，不可能具有危险特性的，不属于危险废物；可能具有危险特性的，抽取典型样品进行检测，并根据典型样品检测指标浓度，对照《危险废物鉴别标准》（GB5085.1－7）出具认定意见。

3. 对固体废物产生单位无法确定的，应抽取典型样品进行检测，根据典型样品检测指标浓度，对照《危险废物鉴别标准》（GB5085.1－7）出具认定意见。对确需进一步委托有相关资质的检测鉴定机构进行检测鉴定的，生态环境部门或者公安机关按照有关规定开展检测鉴定工作。

（十四）关于鉴定的问题

鉴定难是困扰环境污染刑事案件办理的难题之一。为解决这一实际困难，《解释》第十四条规定："对案件所涉的环境污染专门性问题难以确定的，依据司法鉴定机构出具的鉴定意见，或者国务院环境保护主管部门、公安部门指定的机构出具的报告，结合其他证据作出认定。"据此，对环境污染专门性问题确立了鉴定与检验"两条腿走路"的原则。在此基础上，《纪要》针对环境污染犯罪案件的司法鉴定问题作出进一步规定。

一是规范环境损害司法鉴定工作。2016 年 1 月，最高人民法院、最高人民检察院、司法部和环境保护部就环境损害司法鉴定实行统一登记管理和规范环境损害司法鉴定工作作出明确规定。司法部会同生态环境部，依法准入了一批诉讼急需、社会关注的环境损害司法鉴定机构。截至 2019 年 1 月底，全国经省级司法行政机关审核登记的环境损害司法鉴定机构达 109 家，鉴定人 2000 余名，基本实现省域全覆盖，环境损害司法鉴定的供给能力大大提升，为打击环境违法犯罪提供了有力支撑。顺带提及的是，环境保护部依据《解释》规定，于 2014 年 1 月、2016 年 2 月分两批指定推荐的 29 家环境损害鉴定评估推荐机构（第一批 12 家机构，协作单位 7 家；第二批 17 家机构，协作单位 2 家），目前大多数已审核登记成为环境损害司法鉴定机构。《纪要》要求进一步规范环境损害司法鉴定工作，加快准入一批诉讼急需、社会关注的环境损害司法鉴定机构，加快对环境损害司法鉴定相关技术规范和标准的制定、修改和认定工作，规范鉴定程序，指导各地司法行政机关会同价格主管部门制定出台环境损害司法鉴定收费标准，加强与办案机关的沟通衔接，更好地满足办案机关需求。

二是强化对环境损害司法鉴定机构的监管。《纪要》要求司法部会同生态环境部，加强对环境损害司法鉴定机构的事中事后监管，加强司法鉴定社会信用体系建设，建立黑名单制度，完善退出机制，及时向社会公开违法违规的环境损害司法鉴定机构和鉴定人行政处罚、行业惩戒等监管信息，对弄虚作假造成环境损害鉴定评估结论严重失实或者违规收取高额费用、情节严重的，依法撤销登记。鼓励有关单位和个人向司法部、生态环境部举报环境损害司法鉴定机构的违法违规行为。

三是妥当把握司法鉴定的范围。根据《解释》和《纪要》的规定，司法鉴定限于涉及案件定罪量刑的核心或关键专门性问题难以确定的情形。实践中，这类核心或关键专门性问题主要是案件具体适用的定罪量刑标准涉及的专门性问题，比如公私财产损失的数额、超过排放标准的倍数、污染物性质判断等。对案件的其他非核心或关键专门性问题，或者可鉴定也可不鉴定的专门性问题，一般不委托鉴定。比如，适用《解释》第一条第（三）项“非法排放、倾倒、处置危险废物三吨以上”的规定对当事人追究刑事责任的，除可能适用公私财产损失第二档定罪量刑标准的以外，则不应再对公私财产损失数额或者超过排放标准倍数进行鉴定。涉及案件定罪量刑的核心或关键专门性问题难以鉴定或者鉴定费用明显过高的，司法机关可以结合案件其他证据，并参考生态环境部门意见、专家意见等作出认定。

（十五）关于监测数据的证据资格问题

《解释》第十二条第一款规定：“环境保护主管部门及其所属监测机构在行政执法过程中收集的监测数据，在刑事诉讼中可以作为证据使用。”据此，环境保护主管部门及其所属监测机构在行政执法和查办案件过程中收集的监测数据具有刑事证据资格。但是，对于地方生态环境部门及其所属监测机构委托第三方检测机构出具报告的证据资格问题，实践中存在不同认识。为统一司法适用，《纪要》明确，地方生态环境部门及其所属监测机构委托第三方检测机构出具的监测报告，地方生态环境部门及其所属监测机构在行政执法过程中予以采纳的，其实质属于《解释》第十二条规定的“环境保护主管部门及其所属监测机构在行政执法过程中收集的监测数据”，在刑事诉讼中可以作为证据使用。

[相关链接]

环境污染刑事案件典型案例

案例一

宝勋精密螺丝（浙江）有限公司

（一）基本案情

2002 年 7 月，被告单位宝勋精密螺丝（浙江）有限公司（以下简称宝勋公司）成立，经营范围包括生产销售建筑五金件、汽车高强度精密紧固件、精冲模具等，该公司生产中产生的废酸液及污泥为危险废物，必须分类收集后委托具有危险废物处置资质的单位处置。被告人黄冠群自 2008 年起担任宝勋公司副总经理，负责公司日常经营管理，被告人姜家清自 2016 年 4 月起直接负责宝勋公司酸洗污泥的处置工作。

2016 年 7 月至 2017 年 5 月，被告单位宝勋公司及被告人黄冠群、姜家清违反国家关于危险废物管理的规定，在未开具危险废物转移联单的情况下，将酸洗污泥交给无危险废物处置资质的被告人李长红、涂伟东、刘宏桂进行非法处置。被告人李长红、涂伟东、刘宏桂通过伪造有关国家机关、公司印章，制作虚假公文、证件等方式，非法处置酸洗污泥。上述被告人通过汽车、船舶跨省运输危险废物，最终在江苏省淮安市、扬州市、苏州市，安徽省铜陵市非法倾倒、处置酸洗污泥共计1071吨。其中，2017年5月22日，被告人姜家清、李长红、涂伟东伙同被告人汪和平、汪文革、吴祖祥、朱凤华、查龙你等人在安徽省铜陵市经开区将62.88吨酸洗污泥倾倒在长江堤坝内，造成环境严重污染。案发后，经鉴定评估，上述被告人非法倾倒、处置酸洗污泥造成环境损害数额为511万余元，产生应急处置、生态环境修复、鉴定评估等费用共计139万余元。

此外，2017年6月至11月，被告人李长红、涂伟东、刘宏桂、吴祖祥、朱凤华、查龙你等人在无危险废物处置资质的情况下，非法收集10余家江苏、浙江企业的工业污泥、废胶木等有毒、有害物质，通过船舶跨省运输至安徽省铜陵市江滨村江滩边倾倒。其中，倾倒废胶木313吨、工业污泥2525余吨，另有2400余吨工业污泥倾倒未遂。

（二）诉讼过程

本案由安徽省芜湖市镜湖区人民检察院于2018年7月16日以被告单位宝勋公司以及被告人黄冠群、姜家清、李长红、涂伟东等12人犯污染环境罪向安徽省芜湖市镜湖区人民法院提起公诉。2018年9月28日，安徽省芜湖市镜湖区人民法院依法作出一审判决，认定被告单位宝勋公司犯污染环境罪，判处罚金一千万元；被告人黄冠群犯污染环境罪，判处有期徒刑六年，并处罚金二十万元；被告人姜家清犯污染环境罪，判处有期徒刑五年九个月，并处罚金二十万元；判处被告人李长红等10人犯污染环境罪，判处有期徒刑六年至拘役四个月不等，并处罚金。一审宣判后，被告单位宝勋公司和被告人黄冠群等人提出上诉。2018年12月5日，安徽省芜湖市中级人民法院二审裁定驳回上诉，维持原判。判决已生效。

（三）典型意义

长江是中华民族的母亲河，也是中华民族发展的重要支撑。推动长江经济带发展是党中央作出的重大决策，是关系国家发展全局的重大战略。服务长江生态高水平保护和经济社会高质量发展，为长江经济带共抓大保护、不搞大开发提供有力保障，是公安司法机关肩负的重大政治责任、社会责任和法律责任。司法实践中，对发生在长江经济带十一省（直辖市）的跨省（直辖市）排放、倾倒、处置有放射性的废物、含传染病病原体的废物、有毒物质或者其他有害物质的环境污染犯罪行为，应当依法从重处罚。

本案中，被告单位宝勋公司及被告人黄冠群等12人在江苏、浙江、安徽等地跨省运输、转移危险废物，并在长江流域甚至是长江堤坝内倾倒、处置，危险废物数量大，持续时间长，给长江流域生态环境造成严重危害。涉案地办案机关加强协作配合，查清犯罪事实，对被告单位宝勋公司及被告人黄冠群等12人依法追究刑事责任，在办理长江经济带跨省（直辖市）环境污染案件，守护好长江母亲河方面具有典型意义。

案例二

上海印达金属制品有限公司及被告人应伟达等5人环境污染案

（一）基本案情

被告单位上海印达金属制品有限公司（以下简称印达公司），被告人应伟达系印达公司实际经营人，被告人王守波系印达公司生产部门负责人。

印达公司主要生产加工金属制品、小五金、不锈钢制品等，生产过程中产生的废液被收集在厂区储存桶内。2017年12月，被告人应伟达决定将储存桶内的废液交予被告人何海瑞处理，并约定向其支付7000元，由王守波负责具体事宜。后何海瑞联系了被告人徐鹏鹏，12月22日夜，被告人徐鹏鹏、徐平平驾驶槽罐车至公司门口与何海瑞会合，经何海瑞与王守波联系后进入公司抽取废液，三人再驾车至上海市青浦区白鹤镇外青松公路、鹤吉路西100米处，先后将约6吨废液倾倒至该处市政窨井内。经青浦区环保局认定，倾倒物质属于有腐蚀性的危险废物。

（二）诉讼过程

本案由上海铁路运输检察院于2018年5月9日以被告人应伟达、王守波等5人犯污染环境罪向上海铁路运输法院提起公诉。在案件审理过程中，上海铁路运输检察院对被告单位印达公司补充起诉。2018年8月24日，上海铁路运输法院依法作出判决，认定被告单位印达公司犯污染环境罪，判处罚金十万元；被告人应伟达、王守波等5人犯污染环境罪，判处有期徒刑一年至九个月不等，并处罚金。判决已生效。

（三）典型意义

准确认定单位犯罪并追究刑事责任是办理环境污染刑事案件中的重点问题，一些地方存在追究自然人犯罪多，追究单位犯罪少，单位犯罪认定难的情况和问题。司法实践中，经单位实际控制人、主要负责人或者授权的分管负责人决定、同意，实施环境污染行为的，应当认定为单位犯罪，对单位及其直接负责的主管人员和其他直接责任人员均应追究刑事责任。

本案中，被告人应伟达系印达公司实际经营人，决定非法处置废液，被告人王守波系印达公司生产部门负责人，直接负责废液非法处置事宜。本案中对被告单位印达公司及其直接负责的主管人员和其他直接责任人员被告人应伟达、王守波同时追究刑事责任，在准确认定单位犯罪并追究刑事责任方面具有典型意义。

案例三

上海云瀛复合材料有限公司及被告人

（一）基本案情

被告单位上海云瀛复合材料有限公司（以下简称云瀛公司）在生产过程中产生的钢板清洗废液，属于危险废物，需要委托有资质的专门机构予以处置。被告人乔宗敏系云瀛公司总经理，全面负责日常生产及管理工作，被告人陶薇系云瀛公司工作人员，负责涉案钢板清洗液的采购和钢板清洗废液的处置。

2016 年 3 月至 2017 年 12 月，被告人乔宗敏、陶薇在明知被告人贡卫国无危险废物经营许可资质的情况下，未填写危险废物转移联单并经相关部门批准，多次要求被告人贡卫国将云瀛公司产生的钢板清洗废液拉回常州市并处置。2017 年 2 月至 2017 年 12 月，被告人贡卫国多次驾驶卡车将云瀛公司的钢板清洗废液非法倾倒于常州市新北区春江路与辽河路交叉口附近污水井、常州市新北区罗溪镇黄河西路等处；2017 年 12 月 30 日，被告人贡卫国驾驶卡车从云瀛公司运载钢板清洗废液至常州市新北区黄河西路 685 号附近，利用塑料管引流将钢板清洗废液非法倾倒至下水道，造成兰陵河水体被严重污染。经抽样检测，兰陵河增光桥断面河水超过Ⅳ类地表水环境质量标准。被告人贡卫国非法倾倒涉案钢板清洗废液共计67.33吨。

（二）诉讼过程

本案由江苏省常州市武进区人民检察院于2018年8月9日以被告单位云瀛公司以及被告人贡卫国等3人犯污染环境罪向江苏省常州市武进区人民法院提起公诉。2018年12月17日，常州市武进区人民法院作出判决，认定被告单位云瀛公司犯污染环境罪，判处罚金三十万元；被告人贡卫国犯污染环境罪，判处有期徒刑一年三个月，并处罚金五万元；被告人乔宗敏犯污染环境罪，判处有期徒刑一年，缓刑二年，并处罚金五万元；被告人陶薇犯污染环境罪，判处有期徒刑一年，缓刑二年，并处罚金五万元；禁止被告人乔宗敏、陶薇在缓刑考验期内从事与排污工作有关的活动。判决已生效。

（三）典型意义

准确认定犯罪嫌疑人、被告人的主观过错是办理环境污染刑事案件中的重点问题。司法实践中，判断犯罪嫌疑人、被告人是否具有环境污染犯罪的故意，应当依据犯罪嫌疑人、被告人的任职情况、职业经历、专业背景、培训经历、本人因同类行为受到行政处罚或刑事追究情况以及污染物种类、污染方式、资金流向等证据，结合其供述，进行综合分析判断。

本案中，被告人乔宗敏、陶薇明知本单位产生的危险废物需要有资质的单位来处理，且跨省、市区域转移需填写危险废物转移联单并经相关部门批准，仍通过与有资质的单位签订合同但不实际处理，多次要求被告人贡卫国将云瀛公司产生的钢板清洗废液拉回常州市并处置，放任对环境造成危害。被告人贡卫国在无危险废物经营许可资质的情况下，跨省、市区域运输危险废物并非法倾倒于常州市内污水井、下水道中，严重污染环境。上述3名被告人均具有环境污染犯罪的故意。本案在准确认定犯罪嫌疑人、被告人的主观过错方面具有典型意义。

案例四

贵州宏泰化工有限责任公司及被告人张正文、赵强污染环境案

（一）基本案情

被告单位贵州宏泰化工有限责任公司（以下简称宏泰公司），经营范围为重晶石开采和硫酸钡、碳酸钡、硝酸钡生产销售等。被告人张正文自2014年起任宏泰公司副总经理兼办公室主任，协助总经理处理全厂日常工作。被告人赵强自2014年起任宏泰公司环保专员，主管环保、消防等工作。

宏泰公司主要业务之一为生产化工原料碳酸钡，生产产生的废渣有氮渣和钡渣。氮渣属一般废弃物，钡渣属危险废物。宏泰公司在贵州省紫云自治县猫营镇大河村租赁土地堆放一般废弃物氮渣，将危险废物钡渣销往有危险废物经营许可证资质的企业进行处置。2014年底，因有资质企业经营不景气，加之新的环境保护法即将实施，对危险废物管理更加严格，各企业不再向宏泰公司购买钡渣，导致该公司厂区内大量钡渣留存，无法处置。被告人张正文、赵强在明知钡渣不能随意处置的情况下，通过在车箱底部垫钡渣等方式在氮渣内掺入钡渣倾倒在氮渣堆场，并且借安顺市某环保砖厂名义签署工业废渣综合利用协议，填写虚假的危险废物转移联单，应付环保行政主管部门检查。2015年10月19日至23日，环保部西南督查中心联合贵州省环保厅开展危险废物污染防治专项督查过程中，查获宏泰公司的违法行为。经测绘，宏泰公司废渣堆场堆渣量为72194立方米，废渣平均密度为1250千克/立方米，堆渣量达90242.5吨。经对堆场废渣随机抽取的50个样本进行检测，均检出钡离子，其中两个样本检测值超过100mg/L。

（二）诉讼过程

本案由贵州省安顺市平坝区人民检察院以被告单位宏泰公司及被告人赵强犯污染环境罪向贵州省安顺市平坝区人民法院提起公诉，后又以被告人张正文犯污染环境罪向安顺市平坝区人民法院追加起诉。2017年11月23日，贵州省安顺市平坝区人民法院依法作出判决，认定被告单位宏泰公司犯污染环境罪，判处罚金一百万元；被告人张正文犯污染环境罪，判处有期徒刑三年，缓刑三

年，并处罚金二千元；被告人赵强犯污染环境罪，判处有期徒刑三年，缓刑三年，并处罚金二千元。判决已生效。

（三）典型意义

准确认定非法排放、倾倒、处置行为是办理环境污染刑事案件中的重点问题。司法实践中认定非法排放、倾倒、处置行为时，应当根据法律和司法解释的有关规定精神，从其行为方式是否违反国家规定或者行业操作规范、污染物是否与外环境接触、是否造成环境污染的危险或者危害等方面进行综合分析判断。对名为运输、贮存、利用，实为排放、倾倒、处置的行为应当认定为非法排放、倾倒、处置行为，依法追究刑事责任。

本案中，被告单位宏泰公司及被告人张正文、赵强在明知危险废物钡渣不能随意处置的情况下，仍在氮渣内掺入钡渣倾倒在氮渣堆场，名为运输、贮存、利用，实为排放、倾倒、处置，放任危险废物流失、泄漏，严重污染环境。本案在准确认定非法排放、倾倒、处置行为方面具有典型意义。

案例五

刘土义、黄阿添、韦世榜等 17 人污染环境系列案

（一）基本案情

被告人刘尾系广东省博罗县加得力油料有限公司的实际投资人和控制人，被告人黄阿添系该公司法定代表人。自 2016 年起，两被告人明知被告人刘土义没有处置废油的资质，仍将 3192 吨废油交给刘土义处理。

被告人黄应顺系广东省佛山市泽田石油科技有限公司的法定代表人。自 2016 年 11 月起，黄应顺为获取 600 元/车的装车费，擅自决定将存放在公司厂区近 100 吨废油交给刘土义处理。

被告人关伟平、冯耀明系广东省东莞市道滘镇鸿海润滑油经营部的合伙人。2017 年 2 月，两被告人将加工过程中产生的酸性废弃物 29.63 吨交给刘土义处置。

除上述企业提供的废油外，被告人刘土义还联系广东其他企业提供废油，然后由被告人柯金水、韦苏文联系车辆将废油运送至广西壮族自治区来宾市兴

宾区、武宣县、象州县等地，被告人韦世榜负责找场地堆放、倾倒、填埋。被告人梁全邦、韦武模应被告人韦世榜的要求，负责在武宣县境内寻找场地堆放废油并组织人员卸车，从中获取卸车费。被告人韦文林、张东来等5人应被告人韦世榜的要求，负责在象州县境内寻找场地倾倒废油并收取酬劳。

此外，被告人柯金水、韦世榜在武宣县境内建造炼油厂，从广东省运来30吨废油提炼沥青，提炼失败后，两被告人将13吨废油就地丢弃，其余废油转移至位于来宾市兴宾区的韦世榜炼油厂堆放，之后被告人柯金水又联系被告人刘土义将废油运至韦世榜的炼油厂堆放。在该堆放点被查处后，被告人柯金水、韦世榜决定将废油就地填埋。

经现场勘验及称量，本案中被告人在兴宾区、武宣县、象州县倾倒、填埋、处置的废油共计6651.48吨，需要处置的污染废物共计10702.95吨，造成直接经济损失3217.05万元，后续修复费用45万元。

（二）诉讼过程

刘土义、黄阿添、韦世榜等17人污染环境系列案由广西壮族自治区武宣县人民检察院向广西壮族自治区武宣县人民法院提起公诉。武宣县人民法院依法作出一审判决，认定被告人刘土义犯污染环境罪，判处有期徒刑五年，并处罚金一百万元；被告人黄阿添犯污染环境罪，判处有期徒刑四年，并处罚金八十万元；被告人韦世榜犯污染环境罪，判处有期徒刑四年，并处罚金二十万元；其余被告人犯污染环境罪，判处有期徒刑四年至拘役三个月缓刑六个月不等，并处罚金。一审宣判后，被告人刘尾、黄阿添、柯金水、梁全邦提出上诉。2018年7月18日，广西壮族自治区来宾市中级人民法院作出二审判决，驳回黄阿添、柯金水、梁全邦的上诉。鉴于刘尾主动交纳四百万元给当地政府用于处置危险废物，二审期间又主动缴纳罚金八十万元，交纳危险废物处置费二十万元，认罪态度好，确有悔罪表现，认定刘尾犯污染环境罪，判处有期徒刑三年，缓刑四年，罚金八十万元。判决已生效。

（三）典型意义

当前，有的地方已经形成分工负责、利益均沾、相对固定的危险废物非法经营产业链，具有很大的社会危害性。司法实践中，公安司法机关要高度重视此类型案件的办理，坚持全链条、全环节、全流程对非法排放、倾倒、处置、经营危险废物的产业链进行刑事打击，查清犯罪网络，深挖犯罪源头，斩断利益链条，不断挤压和铲除其滋生蔓延的空间。

本案中，被告人刘土义等17人形成了跨广东、广西两省区的非法排放、倾倒、处置、经营危险废物产业链，有的被告人负责提供废油，有的被告人负责收集运输废油，有的被告人负责寻找场所堆放、倾倒、填埋废油，废油数量大，持续时间长，涉及地区广，严重污染当地环境。本案在深挖、查实并依法惩处危险废物非法经营产业链方面具有典型意义。

最高人民法院　最高人民检察院
关于办理环境污染刑事案件适用法律若干问题的解释

法释〔2016〕29号

（2016年11月7日最高人民法院审判委员会第1698次会议、2016年12月8日最高人民检察院第十二届检察委员会第58次会议通过　2016年12月23日最高人民法院、最高人民检察院公告公布　自2017年1月1日起施行）

为依法惩治有关环境污染犯罪，根据《中华人民共和国刑法》《中华人民共和国刑事诉讼法》的有关规定，现就办理此类刑事案件适用法律的若干问题解释如下：

第一条　实施刑法第三百三十八条规定的行为，具有下列情形之一的，应当认定为“严重污染环境”：

（一）在饮用水水源一级保护区、自然保护区核心区排放、倾倒、处置有放射性的废物、含传染病病原体的废物、有毒物质的；

（二）非法排放、倾倒、处置危险废物三吨以上的；

（三）排放、倾倒、处置含铅、汞、镉、铬、砷、铊、锑的污染物，超过国家或者地方污染物排放标准三倍以上的；

（四）排放、倾倒、处置含镍、铜、锌、银、钒、锰、钴的污染物，超过国家或者地方污染物排放标准十倍以上的；

（五）通过暗管、渗井、渗坑、裂隙、溶洞、灌注等逃避监管的方式排放、倾倒、处置有放射性的废物、含传染病病原体的废物、有毒物质的；

（六）二年内曾因违反国家规定，排放、倾倒、处置有放射性的废物、含传染病病原体的废物、有毒物质受过两次以上行政处罚，又实施前列行为的；

（七）重点排污单位篡改、伪造自动监测数据或者干扰自动监测设施，排放化学需氧量、氨氮、二氧化硫、氮氧化物等污染物的；

（八）违法减少防治污染设施运行支出一百万元以上的；

（九）违法所得或者致使公私财产损失三十万元以上的；

（十）造成生态环境严重损害的；

（十一）致使乡镇以上集中式饮用水水源取水中断十二小时以上的；

（十二）致使基本农田、防护林地、特种用途林地五亩以上，其他农用地十亩以上，其他土地二十亩以上基本功能丧失或者遭受永久性破坏的；

（十三）致使森林或者其他林木死亡五十立方米以上，或者幼树死亡二千五百株以上的；

（十四）致使疏散、转移群众五千人以上的；

（十五）致使三十人以上中毒的；

（十六）致使三人以上轻伤、轻度残疾或者器官组织损伤导致一般功能障碍的；

（十七）致使一人以上重伤、中度残疾或者器官组织损伤导致严重功能障碍的；

（十八）其他严重污染环境的情形。

第二条 实施刑法第三百三十九条、第四百零八条规定的行为，致使公私财产损失三十万元以上，或者具有本解释第一条第十项至第十七项规定情形之一的，应当认定为“致使公私财产遭受重大损失或者严重危害人体健康”或者“致使公私财产遭受重大损失或者造成人身伤亡的严重后果”。

第三条 实施刑法第三百三十八条、第三百三十九条规定的行为，具有下列情形之一的，应当认定为“后果特别严重”：

（一）致使县级以上城区集中式饮用水水源取水中断十二小时以上的；

（二）非法排放、倾倒、处置危险废物一百吨以上的；

（三）致使基本农田、防护林地、特种用途林地十五亩以上，其他农用地三十亩以上，其他土地六十亩以上基本功能丧失或者遭受永久性破坏的；

（四）致使森林或者其他林木死亡一百五十立方米以上，或者幼树死亡七千五百株以上的；

（五）致使公私财产损失一百万元以上的；

（六）造成生态环境特别严重损害的；

（七）致使疏散、转移群众一万五千人以上的；

（八）致使一百人以上中毒的；

（九）致使十人以上轻伤、轻度残疾或者器官组织损伤导致一般功能障碍的；

（十）致使三人以上重伤、中度残疾或者器官组织损伤导致严重功能障碍的；

（十一）致使一人以上重伤、中度残疾或者器官组织损伤导致严重功能障碍，并致使五人以上轻伤、轻度残疾或者器官组织损伤导致一般功能障碍的；

（十二）致使一人以上死亡或者重度残疾的；

（十三）其他后果特别严重的情形。

第四条 实施刑法第三百三十八条、第三百三十九条规定的犯罪行为，具有下列情形之一的，应当从重处罚：

（一）阻挠环境监督检查或者突发环境事件调查，尚不构成妨害公务等犯罪的；

（二）在医院、学校、居民区等人口集中地区及其附近，违反国家规定排放、倾倒、处置有放射性的废物、含传染病病原体的废物、有毒物质或者其他有害物质的；

（三）在重污染天气预警期间、突发环境事件处置期间或者被责令限期整改期间，违反国家规定排放、倾倒、处置有放射性的废物、含传染病病原体的废物、有毒物质或者其他有害物质的；

（四）具有危险废物经营许可证的企业违反国家规定排放、倾倒、处置有放射性的废物、含传染病病原体的废物、有毒物质或者其他有害物质的。

第五条 实施刑法第三百三十八条、第三百三十九条规定的行为，刚达到应当追究刑事责任的标准，但行为人及时采取措施，防止损失扩大、消除污染，全部赔偿损失，积极修复生态环境，且系初犯，确有悔罪表现的，可以认定为情节轻微，不起诉或者免予刑事处罚；确有必要判处刑罚的，应当从宽处罚。

第六条 无危险废物经营许可证从事收集、贮存、利用、处置危险废物经营活动，严重污染环境的，按照污染环境罪定罪处罚；同时构成非法经营罪的，依照处罚较重的规定定罪处罚。

实施前款规定的行为，不具有超标排放污染物、非法倾倒污染物或者其他违法造成环境污染的情形的，可以认定为非法经营情节显著轻微危害不大，不认为是犯罪；构成生产、销售伪劣产品等其他犯罪的，以其他犯罪论处。

第七条 明知他人无危险废物经营许可证，向其提供或者委托其收集、贮存、利用、处置危险废物，严重污染环境的，以共同犯罪论处。

第八条 违反国家规定，排放、倾倒、处置含有毒害性、放射性、传染病病原体等物质的污染物，同时构成污染环境罪、非法处置进口的固体废物罪、投放危险物质罪等犯罪的，依照处罚较重的规定定罪处罚。

第九条 环境影响评价机构或其人员，故意提供虚假环境影响评价文件，情节严重的，或者严重不负责任，出具的环境影响评价文件存在重大失实，造成严重后果的，应当依照刑法第二百二十九条、第二百三十一条的规定，以提供虚假证明文件罪或者出具证明文件重大失实罪定罪处罚。

第十条 违反国家规定，针对环境质量监测系统实施下列行为，或者强令、指使、授意他人实施下列行为的，应当依照刑法第二百八十六条的规定，以破坏计算机信息系统罪论处：

（一）修改参数或者监测数据的；

（二）干扰采样，致使监测数据严重失真的；

（三）其他破坏环境质量监测系统的行为。

重点排污单位篡改、伪造自动监测数据或者干扰自动监测设施，排放化学需氧量、氨氮、二氧化硫、氮氧化物等污染物，同时构成污染环境罪和破坏计算机信息系统罪的，依照处罚较重的规定定罪处罚。

从事环境监测设施维护、运营的人员实施或者参与实施篡改、伪造自动监测数据、干扰自动监测设施、破坏环境质量监测系统等行为的，应当从重处罚。

第十一条 单位实施本解释规定的犯罪的，依照本解释规定的定罪量刑标准，对直接负责的主管人员和其他直接责任人员定罪处罚，并对单位判处罚金。

第十二条 环境保护主管部门及其所属监测机构在行政执法过程中收集的监测数据，在刑事诉讼中可以作为证据使用。

公安机关单独或者会同环境保护主管部门，提取污染物样品进行检测获取的数据，在刑事诉讼中可以作为证据使用。

第十三条 对国家危险废物名录所列的废物，可以依据涉案物质的来源、产生过程、被告人供述、证人证言以及经批准或者备案的环境影响评价文件等证据，结合环境保护主管部门、公安机关等出具的书面意见作出认定。

对于危险废物的数量，可以综合被告人供述，涉案企业的生产工艺、物耗、能耗情况，以及经批准或者备案的环境影响评价文件等证据作出认定。

第十四条 对案件所涉的环境污染专门性问题难以确定的，依据司法鉴定机构出具的鉴定意见，或者国务院环境保护主管部门、公安部门指定的机构出具的报告，结合其他证据作出认定。

第十五条 下列物质应当认定为刑法第三百三十八条规定的“有毒物质”：

（一）危险废物，是指列入国家危险废物名录，或者根据国家规定的危险废物鉴别标准和鉴别方法认定的，具有危险特性的废物；

（二）《关于持久性有机污染物的斯德哥尔摩公约》附件所列物质；

（三）含重金属的污染物；

（四）其他具有毒性，可能污染环境的物质。

第十六条 无危险废物经营许可证，以营利为目的，从危险废物中提取物质作为原材料或者燃料，并具有超标排放污染物、非法倾倒污染物或者其他违法造成环境污染的情形的行为，应当认定为“非法处置危险废物”。

第十七条 本解释所称“二年内”，以第一次违法行为受到行政处罚的生效之日与又实施相应行为之日的时间间隔计算确定。

本解释所称“重点排污单位”，是指设区的市级以上人民政府环境保护主管部门依法确定的应当安装、使用污染物排放自动监测设备的重点监控企业及其他单位。

本解释所称“违法所得”，是指实施刑法第三百三十八条、第三百三十九条规定的行为所得和可得的全部违法收入。

本解释所称“公私财产损失”，包括实施刑法第三百三十八条、第三百三十九条规定的行为直接造成财产损毁、减少的实际价值，为防止污染扩大、消除污染而采取必要合理措施所产生的费用，以及处置突发环境事件的应急监测费用。

本解释所称“生态环境损害”，包括生态环境修复费用，生态环境修复期间服务功能的损失和生态环境功能永久性损害造成的损失，以及其他必要合理费用。

本解释所称“无危险废物经营许可证”，是指未取得危险废物经营许可证，或者超出危险废物经营许可证的经营范围。

第十八条 本解释自2017年1月1日起施行。本解释施行后，《最高人民法院、最高人民检察院关于办理环境污染刑事案件适用法律若干问题的解释》（法释〔2013〕15号）同时废止；之前发布的司法解释与本解释不一致的，以本解释为准。

最高人民法院研究室负责人解读《关于办理环境污染刑事案件适用法律若干问题的解释》

一、《解释》的制定背景

保护环境是我国的基本国策，是可持续发展战略的重要内容。党的十八大以来，习近平总书记多次强调“绿水青山就是金山银山”“像保护眼睛一样保护生态环境，像对待生命一样对待生态环境”，形成了一系列重要论述，为今后一个时期解决环境问题指明了方向。党的十八届五中全会提出创新、协调、绿色、开放、共享的新发展理念，十二届全国人大四次会议审议通过的“十三五”规划通篇贯穿绿色发展理念，提出了生态环境质量总体改善的奋斗目标。继最严格的耕地保护制度、最严格的水资源保护制度之后，实行最严格的环境保护制度已被提出并成为社会共识。司法是保护环境的重要手段，在推进环境治理体系现代化进程中发挥着不可替代的作用。

为依法惩治有关环境污染犯罪，2013 年 6 月，最高人民法院与最高人民检察院联合发布了《关于办理环境污染刑事案件适用法律若干问题的解释》（法释〔2013〕15 号，以下简称《2013 年解释》），对污染环境罪的定罪量刑标准等问题作出了明确。《2013 年解释》施行以来，各级公检法机关和环保部门依法查处环境污染犯罪，加大惩治力度，取得了良好效果。2013 年 7 月至 2016 年 10 月，全国法院新收污染环境、非法处置进口的固体废物、环境监管失职刑事案件 4636 件，审结 4250 件，生效判决人数 6439 人；年均收案 1400 余件，生效判决人数 1900 余人。相较于过 2015 年均二三十件的案件量，污染环境刑事案件量增长十分明显。这对于强化环境司法保护，推进生态文明建设，发挥了十分重要的作用。

与此同时，近年来环境污染犯罪又出现了一些新的情况和问题，如危险废物犯罪呈现出产业化迹象，大气污染犯罪取证困难，篡改、伪造自动监测数据和破坏环境质量监测系统的刑事规制存在争议，等等。鉴此，为有效解决实践问题，进一步加大对生态环境的司法保护力度，最高人民法院会同最高人民检察院，在公安部、环保部等有关部门大力支持下，经深入调查研究、广泛征求意见，制定了新的《关于办理环境污染刑事案件适用法律若干问题的解释》，对《2013 年解释》作了全面修改和完善。

这是 1997 年刑法施行以来最高司法机关就环境污染犯罪第三次出台专门司法解释，且距《2013 年解释》的公布仅三年半左右的时间，充分体现了最高司法机关对环境保护的高度重视。我们相信，新的《关于办理环境污染刑事案件适用法律若干问题的解释》的发布，对于进一步提升依法惩治环境污染犯罪的成效，进一步加大环境司法保护力度，有效保护生态环境，推进美丽中国建设，必将发挥重要作用。

二、《解释》的主要内容

《解释》结合当前环境污染犯罪的特点和司法实践反映的问题，依照刑法、刑事诉讼法相关规定，用18个条文对相关犯罪定罪量刑标准的具体把握等问题作了全面、系统的规定。主要包括以下10个方面的内容：

（一）明确了污染环境罪定罪量刑的具体标准。污染环境罪是环境污染犯罪的基本罪名，入罪要件为“严重污染环境”。《2013年解释》规定了认定“严重污染环境”的十四项具体情形。《解释》第一条予以吸收，并根据司法实践情况作出完善：一是细化重金属污染环境的入罪标准。鉴于各类重金属在毒害性程度方面存在明显差异，经从环境学和环境医学角度综合考量，《解释》明确，“排放、倾倒、处置含铅、汞、镉、铬、砷、铊、锑的污染物，超过国家或者地方污染物排放标准三倍以上”，或者“排放、倾倒、处置含镍、铜、锌、银、钒、锰、钴的污染物，超过国家或者地方污染物排放标准十倍以上的”，应当认定为“严重污染环境”。二是突出对自动监测数据造假行为的惩治。《解释》规定，重点排污单位篡改、伪造自动监测数据或者干扰自动监测设施，排放化学需氧量、氨氮、二氧化硫、氮氧化物等污染物的，应当认定为“严重污染环境”。这一新增规定，对于有效防范和依法惩治大气污染犯罪这一社会各界高度关注的顽疾具有重要意义。三是将“违法减少防治污染设施运行支出一百万元以上”“违法所得三十万元以上”增加规定为“严重污染环境”的情形。实施环境污染犯罪的单位和个人多是为了谋取不法利益，增设以上两项规定，让行为人得不偿失，可以更有针对性地惩治和预防犯罪。四是将生态环境损害因素纳入考量范围。中共中央、国务院《生态文明体制改革总体方案》提出：“严格实行生态环境损害赔偿制度。强化生产者环境保护法律责任，大幅度提高违法成本。”“对造成生态环境损害的，以损害程度等因素依法确定赔偿额度；对造成严重后果的，依法追究刑事责任。”根据这一要求，《解释》明确将“造成生态环境严重损害”规定为“严重污染环境”的情形之一。

在此基础上，《解释》第三条还对污染环境罪的结果加重情节“后果特别严重”的认定标准作了相应完善。增加规定，非法排放、倾倒、处置危险废物一百吨以上，或者造成生态环境特别严重损害的，应当认定为“后果特别严重”，处三年以上七年以下有期徒刑，并处罚金。

（二）明确了非法处置进口的固体废物罪、擅自进口固体废物罪、环境监管失职罪定罪量刑的具体标准。除污染环境罪外，环境污染犯罪还涉及非法处置进口的固体废物罪、擅自进口固体废物罪、环境监管失职罪等罪名。为统一法律适用，《解释》第二条、第三条对上述罪名所涉及的“致使公私财产遭受重大损失或者严重危害人体健康”“致使公私财产遭受重大损失或者造成人身伤亡的严重后果”“后果特别严重”等定罪量刑标准作了明确。与《2013 年解释》相比，相关标准更加明确具体，操作性更强，体现了从严惩治环境污染犯罪的精神。

（三）明确了宽严相济刑事政策的具体适用。《解释》第四条规定，实施环境污染犯罪，具有下列情形之一的，应当从重处罚：（1）阻挠环境监督检查或者突发环境事件调查，尚不构成妨害公务等犯罪的；（2）在医院、学校、居民区等人口集中地区及其附近，违反国家规定排放、倾倒、处置有放射性的废物、含传染病病原体的废物、有毒物质或者其他有害物质的；（3）在重污染天气预警期间、突发环境事件处置期间或者被责令限期整改期间，违反国家规定排放、倾倒、处置有放射性的废物、含传染病病原体的废物、有毒物质或者其他有害物质的；（4）具有危险废物经营许可证的企业违反国家规定排放、倾倒、处置有放射性的废物、含传染病病原体的废物、有毒物质或者其他有害物质的。

为充分发挥刑法的威慑和教育功能，促使行为人在污染环境后及时采取措施减少和弥补损害，《解释》第五条规定，实施环境污染犯罪行为，及时采取措施，防止损失扩大、消除污染，全部赔偿损失，积极修复生态环境的，可以适当从宽处理。

（四）明确了环境污染共同犯罪的处理规则。实践中，一些单位和个人非法排放、倾倒、处置危险废物，以降低生产成本、牟取不法利益。而且，行为人分工明确，相互配合，呈现出明显的产业化迹象，甚至形成了“一条龙”作业。对于此类犯罪，不仅要依法惩治直接污染环境的行为人，更要打源头、追幕后，依法追究危险废物提供者的刑事责任。为此，《解释》第七条重申了对环境污染犯罪的共同犯罪处理规则，规定明知他人无危险废物经营许可证，向其提供或者委托其收集、贮存、利用、处置危险废物，严重污染环境的，以共同犯罪论处。

（五）明确了环境污染犯罪竞合的处理原则。环境污染犯罪行为可能同时触犯多个罪名，如无经营许可证从事收集、贮存、利用、处置危险废物经营活动，严重污染环境的，可能同时触犯污染环境罪与非法经营罪；违规排放、倾倒、处置含有毒害性、放射性、传染病病原体等物质的污染物，可能同时触犯污染环境罪与投放危险物质罪。为进一步加大对环境污染相关犯罪的惩治力度，《解释》第六条、第八条明确规定了“从一重罪处断原则”，即同时构成污染环境罪和非法经营罪、投放危险物质罪等相关犯罪的，依照处罚较重的规定定罪处罚。

（六）明确了环境影响评价造假的刑事责任追究问题。环境影响评价对于预防因规划和建设项目实施后对环境造成不良影响，促进经济、社会和环境的协调发展，具有关键作用。但是，实践中环评造假或者严重失实的现象时有发生。为从源头上有效预防环境污染犯罪，《解释》第九条规定，环境影响评价机构或其人员，故意提供虚假环境影响评价文件，情节严重的，或者严重不负责任，出具的环境影响评价文件存在重大失实，造成严重后果的，以提供虚假证明文件罪或者出具证明文件重大失实罪定罪处罚。

（七）明确了破坏环境质量监测系统的定性及有关问题。环境监测数据是环境决策的重要基础。个别地方破坏环境质量监测系统，影响监测系统正常运行，欺骗公众，影响政府公信力，甚至误导环境决策，危害严重。鉴此，《解释》第十条规定，违反国家规定，针对环境质量监测系统实施下列行为，或者强令、指使、授意他人实施下列行为的，以破坏计算机信息系统罪论处：（1）修改参数或者监测数据的；（2）干扰采样，致使监测数据严重失真的；（3）其他破坏环境质量监测系统的行为。从事环境监测设施维护、运营的人员实施或者参与实施篡改、伪造自动监测数据、干扰自动监测设施、破坏环境质量监测系统等行为的，应当从重处罚。

（八）明确了单位实施环境污染相关犯罪的定罪量刑标准。单位实施环境污染相关犯罪，往往具有更大的社会危害性，应当从严惩治。《解释》第十一条明确规定，对于单位实施环境污染相关犯罪的，适用与个人犯罪相同的定罪量刑标准。

（九）明确了“有毒物质”的范围和认定问题。《解释》第十五条明确将危险废物，持久性有机污染物，含重金属的污染物，以及其他具有毒性，可能污染环境的物质都纳入“有毒物质”的范畴。为便于司法实践准确认定危险废物及其数量，《解释》第十三条规定，对国家危险废物名录所列的废物，可以依据涉案物质的来源、产生过程、被告人供述、证人证言以及经批准或者备案的环境影响评价文件等证据，结合环境保护主管部门、公安机关等出具的书面意见作出认定；对于危险废物的数量，可以综合被告人供述，涉案企业的生产工艺、物耗、能耗情况，以及经批准或者备案的环境影响评价文件等证据作出认定。

（十）明确了监测数据的证据资格。为加强环境保护行政执法与刑事司法之间的有效衔接，统一相关部门认识，根据刑事诉讼法的相关规定，《解释》第十二条明确，环境保护主管部门及其所属监测机构在行政执法过程中收集的监测数据，在刑事诉讼中可以作为证据使用。公安机关单独或者会同环境保护主管部门，提取污染物样品进行检测获取的数据，也可以在刑事诉讼中作为证据使用。

最高人民法院

关于办理减刑、假释案件具体应用法律的补充规定

法释〔2019〕6号

（2019年3月25日最高人民法院审判委员会第1763次会议通过
2019年4月24日最高人民法院公告公布
自2019年6月1日起施行）

为准确把握宽严相济刑事政策，严格执行《最高人民法院关于办理减刑、假释案件具体应用法律的规定》，现对《中华人民共和国刑法修正案（九）》

施行后，依照刑法分则第八章贪污贿赂罪判处刑罚的原具有国家工作人员身份的罪犯的减刑、假释补充规定如下：

第一条 对拒不认罪悔罪的，或者确有履行能力而不履行或者不全部履行生效裁判中财产性判项的，不予假释，一般不予减刑。

第二条 被判处十年以上有期徒刑，符合减刑条件的，执行三年以上方可减刑；被判处不满十年有期徒刑，符合减刑条件的，执行二年以上方可减刑。

确有悔改表现或者有立功表现的，一次减刑不超过六个月有期徒刑；确有悔改表现并有立功表现的，一次减刑不超过九个月有期徒刑；有重大立功表现的，一次减刑不超过一年有期徒刑。

被判处十年以上有期徒刑的，两次减刑之间应当间隔二年以上；被判处不满十年有期徒刑的，两次减刑之间应当间隔一年六个月以上。

第三条 被判处无期徒刑，符合减刑条件的，执行四年以上方可减刑。

确有悔改表现或者有立功表现的，可以减为二十三年有期徒刑；确有悔改表现并有立功表现的，可以减为二十二年以上二十三年以下有期徒刑；有重大立功表现的，可以减为二十一年以上二十二年以下有期徒刑。

无期徒刑减为有期徒刑后再减刑时，减刑幅度比照本规定第二条的规定执行。两次减刑之间应当间隔二年以上。

第四条 被判处死刑缓期执行的，减为无期徒刑后，符合减刑条件的，执行四年以上方可减刑。

确有悔改表现或者有立功表现的，可以减为二十五年有期徒刑；确有悔改表现并有立功表现的，可以减为二十四年六个月以上二十五年以下有期徒刑；有重大立功表现的，可以减为二十四年以上二十四年六个月以下有期徒刑。

减为有期徒刑后再减刑时，减刑幅度比照本规定第二条的规定执行。两次减刑之间应当间隔二年以上。

第五条 罪犯有重大立功表现的，减刑时可以不受上述起始时间和间隔时间的限制。

第六条 对本规定所指贪污贿赂罪犯适用假释时，应当从严掌握。

第七条 本规定自2019年6月1日起施行。此前发布的司法解释与本规定不一致的，以本规定为准。

最高人民法院审判监督庭负责人就《最高人民法院关于办理减刑、假释案件具体应用法律的补充规定》答记者问

2019年3月25日，最高人民法院审判委员会第1763次会议审议通过了《最高人民法院关于办理减刑、假释案件具体应用法律的补充规定》（以下简称《补充规定》），自2019年6月1日起施行。值此司法解释公布之际，最高人民法院承担减刑、假释对下监督指导工作的审判监督庭负责人接受了记者采访，并回答了记者提出的问题。

问：请问制定《补充规定》的背景是什么？

答：党中央一直高度重视反腐败工作。特别是党的十八大以来，以习近平同志为核心的党中央坚定不移推进党风廉政建设和反腐败工作，力度空前，反腐败工作目前已经取得了压倒性胜利。为了进一步巩固反腐败工作压倒性胜利成果，有效回应人民群众对依法严惩腐败犯罪的新期待，更好地服务全面推进依法治国、全面从严治党，对十八大之后不收敛、不收手，特别是《中华人民共和国刑法修正案（九）》［以下简称《刑法修正案（九）》］施行后被判处刑罚的原具有国家工作人员身份的贪污贿赂罪犯，对其减刑、假释时也应当贯彻宽严相济刑事政策，予以适当从严掌握。故此，我们经过充分调研论证，并征求各方意见，制定了《补充规定》，经过最高人民法院审判委员会讨论通过后，作为2017年1月1日施行的《最高人民法院关于办理减刑、假释案件具体应用法律的规定》（即现行司法解释）的补充规定予以下发，以指导减刑、假释办案工作规范、有序开展。

问：请问《补充规定》的适用对象是什么？

答：《补充规定》明确指出，其适用对象为《刑法修正案（九）》施行后，依照刑法分则第八章贪污贿赂罪判处刑罚的原具有国家工作人员身份的罪犯。具体而言，一是限定了时间节点，即《刑法修正案（九）》施行后判处刑罚；二是限定了罪名，即贪污贿赂罪；三是限定了罪犯身份，即原具有国家工作人员身份的罪犯。即：时间节点+罪名+身份，同时符合以上三个条件的，方可适用《补充规定》。因此，对于《刑法修正案（九）》施行前判处刑罚的贪污贿赂罪犯，《刑法修正案（九）》施行后判处的非贪污贿赂罪犯，或者不具有国家工作人员身份的罪犯等，均不适用《补充规定》，而仍然适用现行司法解释相应规定。

问：请介绍一下《补充规定》的主要内容有哪些？

答：《补充规定》共有七条。主要规定了以下内容：一是明确了适用对象，上面已经说过，不再重复；二是明确了对上述罪犯适用假释时，比照其他罪犯从严掌握，体现了对上述罪犯假释从严的原则；三是规定了对拒不认罪悔罪或者拒不履行财产性判项的上述罪犯，不得假释且一般不予减刑的具体要求；四是明确了从严减刑的具体标准和尺度，具体用三个条文分别对被判处有期徒刑、无期徒刑、死刑缓期执行的上述罪犯的减刑起始时间、间隔时间、减刑幅度予以规定，以利于司法实践中准确掌握和执行；五是规定了对有重大立功表现的罪犯减刑时可以不受起始时间和间隔时间的限制，这也是法律和历次司法解释的一贯规定，体现出国家对作出重大贡献罪犯的特殊奖励，有利于激励罪犯积极改造，多做贡献；六是规定了《补充规定》施行时间和效力。

问：《补充规定》和现行司法解释的关系是什么，具体适用时怎么掌握？

答：《补充规定》是作为现行减刑假释司法解释的补充性规定而下发的，并非废止现行司法解释。《补充规定》第七条规定："此前发布的司法解释与本规定不一致的，以本规定为准"，是指在对上述贪污贿赂罪犯减刑、假释时，现行司法解释相应条款和本补充规定相冲突的，适用《补充规定》，不再适用现行司法解释的相应条款，否则仍适用现行司法解释的规定。但对上述贪污贿赂罪犯以外的其他罪犯减刑、假释时，仍适用现行司法解释的规定。

［相关链接］

最高人民法院

关于办理减刑、假释案件具体应用法律的规定

法释〔2016〕23号

（2016年9月19日最高人民法院审判委员会第1693次会议通过
2016年11月14日最高人民法院公告公布
自2017年1月1日起施行）

为确保依法公正办理减刑、假释案件，依据《中华人民共和国刑法》《中华人民共和国刑事诉讼法》《中华人民共和国监狱法》和其他法律规定，结合司法实践，制定本规定。

第一条 减刑、假释是激励罪犯改造的刑罚制度，减刑、假释的适用应当贯彻宽严相济刑事政策，最大限度地发挥刑罚的功能，实现刑罚的目的。

第二条 对于罪犯符合刑法第七十八条第一款规定“可以减刑”条件的案件，在办理时应当综合考察罪犯犯罪的性质和具体情节、社会危害程度、原判刑罚及生效裁判中财产性判项的履行情况、交付执行后的一贯表现等因素。

第三条 “确有悔改表现”是指同时具备以下条件：

（一）认罪悔罪；

（二）遵守法律法规及监规，接受教育改造；

（三）积极参加思想、文化、职业技术教育；

（四）积极参加劳动，努力完成劳动任务。

对职务犯罪、破坏金融管理秩序和金融诈骗犯罪、组织（领导、参加、包庇、纵容）黑社会性质组织犯罪等罪犯，不积极退赃、协助追缴赃款赃物、赔偿损失，或者服刑期间利用个人影响力和社会关系等不正当手段意图获得减刑、假释的，不认定其“确有悔改表现”。

罪犯在刑罚执行期间的申诉权利应当依法保护，对其正当申诉不能不加分析地认为是不认罪悔罪。

第四条 具有下列情形之一的，可以认定为有“立功表现”：

（一）阻止他人实施犯罪活动的；

（二）检举、揭发监狱内外犯罪活动，或者提供重要的破案线索，经查证属实的；

（三）协助司法机关抓捕其他犯罪嫌疑人的；

（四）在生产、科研中进行技术革新，成绩突出的；

（五）在抗御自然灾害或者排除重大事故中，表现积极的；

（六）对国家和社会有其他较大贡献的。

第（四）项、第（六）项中的技术革新或者其他较大贡献应当由罪犯在刑罚执行期间独立或者为主完成，并经省级主管部门确认。

第五条 具有下列情形之一的，应当认定为有“重大立功表现”：

（一）阻止他人实施重大犯罪活动的；

（二）检举监狱内外重大犯罪活动，经查证属实的；

（三）协助司法机关抓捕其他重大犯罪嫌疑人的；

（四）有发明创造或者重大技术革新的；

（五）在日常生产、生活中舍己救人的；

（六）在抗御自然灾害或者排除重大事故中，有突出表现的；

（七）对国家和社会有其他重大贡献的。

第（四）项中的发明创造或者重大技术革新应当是罪犯在刑罚执行期间独立或者为主完成并经国家主管部门确认的发明专利，且不包括实用新型专利和外观设计专利；第（七）项中的其他重大贡献应当由罪犯在刑罚执行期间独立或者为主完成，并经国家主管部门确认。

第六条 被判处有期徒刑的罪犯减刑起始时间为：不满五年有期徒刑的，应当执行一年以上方可减刑；五年以上不满十年有期徒刑的，应当执行一年六个月以上方可减刑；十年以上有期徒刑的，应当执行二年以上方可减刑。有期徒刑减刑的起始时间自判决执行之日起计算。

确有悔改表现或者有立功表现的，一次减刑不超过九个月有期徒刑；确有悔改表现并有立功表现的，一次减刑不超过一年有期徒刑；有重大立功表现的，一次减刑不超过一年六个月有期徒刑；确有悔改表现并有重大立功表现的，一次减刑不超过二年有期徒刑。

被判处不满十年有期徒刑的罪犯，两次减刑间隔时间不得少于一年；被判处十年以上有期徒刑的罪犯，两次减刑间隔时间不得少于一年六个月。减刑间隔时间不得低于上次减刑减去的刑期。

罪犯有重大立功表现的，可以不受上述减刑起始时间和间隔时间的限制。

第七条 对符合减刑条件的职务犯罪罪犯，破坏金融管理秩序和金融诈骗犯罪罪犯，组织、领导、参加、包庇、纵容黑社会性质组织犯罪罪犯，危害国家安全犯罪罪犯，恐怖活动犯罪罪犯，毒品犯罪集团的首要分子及毒品再犯，累犯，确有履行能力而不履行或者不全部履行生效裁判中财产性判项的罪犯，被判处十年以下有期徒刑的，执行二年以上方可减刑，减刑幅度应当比照本规定第六条从严掌握，一次减刑不超过一年有期徒刑，两次减刑之间应当间隔一年以上。

对被判处十年以上有期徒刑的前款罪犯，以及因故意杀人、强奸、抢劫、绑架、放火、爆炸、投放危险物质或者有组织的暴力性犯罪被判处十年以上有期徒刑的罪犯，数罪并罚且其中两罪以上被判处十年以上有期徒刑的罪犯，执行二年以上方可减刑，减刑幅度应当比照本规定第六条从严掌握，一次减刑不超过一年有期徒刑，两次减刑之间应当间隔一年六个月以上。

罪犯有重大立功表现的，可以不受上述减刑起始时间和间隔时间的限制。

第八条 被判处无期徒刑的罪犯在刑罚执行期间，符合减刑条件的，执行二年以上，可以减刑。减刑幅度为：确有悔改表现或者有立功表现的，可以减为二十二年有期徒刑；确有悔改表现并有立功表现的，可以减为二十一年以上二十二年以下有期徒刑；有重大立功表现的，可以减为二十年以上二十一年以下有期徒刑；确有悔改表现并有重大立功表现的，可以减为十九年以上二十年以下有期徒刑。无期徒刑罪犯减为有期徒刑后再减刑时，减刑幅度依照本规定第六条的规定执行。两次减刑间隔时间不得少于二年。

罪犯有重大立功表现的，可以不受上述减刑起始时间和间隔时间的限制。

第九条 对被判处无期徒刑的职务犯罪罪犯，破坏金融管理秩序和金融诈骗犯罪罪犯，组织、领导、参加、包庇、纵容黑社会性质组织犯罪罪犯，危害国家安全犯罪罪犯，恐怖活动犯罪罪犯，毒品犯罪集团的首要分子及毒品再犯，累犯以及因故意杀人、强奸、抢劫、绑架、放火、爆炸、投放危险物质或者有组织的暴力性犯罪的罪犯，确有履行能力而不履行或者不全部履行生效裁判中财产性判项的罪犯，数罪并罚被判处无期徒刑的罪犯，符合减刑条件的，执行三年以上方可减刑，减刑幅度应当比照本规定第八条从严掌握，减刑后的刑期最低不得少于二十年有期徒刑；减为有期徒刑后再减刑时，减刑幅度比照本规定第六条从严掌握，一次不超过一年有期徒刑，两次减刑之间应当间隔二年以上。

罪犯有重大立功表现的，可以不受上述减刑起始时间和间隔时间的限制。

第十条 被判处死刑缓期执行的罪犯减为无期徒刑后，符合减刑条件的，执行三年以上方可减刑。减刑幅度为：确有悔改表现或者有立功表现的，可以减为二十五年有期徒刑；确有悔改表现并有立功表现的，可以减为二十四年以上二十五年以下有期徒刑；有重大立功表现的，可以减为二十三年以上二十四年以下有期徒刑；确有悔改表现并有重大立功表现的，可以减为二十二年以上二十三年以下有期徒刑。

被判处死刑缓期执行的罪犯减为有期徒刑后再减刑时，比照本规定第八条的规定办理。

第十一条 对被判处死刑缓期执行的职务犯罪罪犯，破坏金融管理秩序和金融诈骗犯罪罪犯，组织、领导、参加、包庇、纵容黑社会性质组织犯罪罪犯，危害国家安全犯罪罪犯，恐怖活动犯罪罪犯，毒品犯罪集团的首要分子及毒品再犯，累犯以及因故意杀人、强奸、抢劫、绑架、放火、爆炸、投放危险物质或者有组织的暴力性犯罪的罪犯，确有履行能力而不履行或者不全部履行生效裁判中财产性判项的罪犯，数罪并罚被判处死刑缓期执行的罪犯，减为无期徒刑后，符合减刑条件的，执行三年以上方可减刑，一般减为二十五年有期徒刑，有立功表现或者重大立功表现的，可以比照本规定第十条减为二十三年以上二十五年以下有期徒刑；减为有期徒刑后再减刑时，减刑幅度比照本规定第六条从严掌握，一次不超过一年有期徒刑，两次减刑之间应当间隔二年以上。

第十二条 被判处死刑缓期执行的罪犯经过一次或者几次减刑后，其实际执行的刑期不得少于十五年，死刑缓期执行期间不包括在内。

死刑缓期执行罪犯在缓期执行期间不服从监管、抗拒改造，尚未构成犯罪的，在减为无期徒刑后再减刑时应当适当从严。

第十三条 被限制减刑的死刑缓期执行罪犯，减为无期徒刑后，符合减刑条件的，执行五年以上方可减刑。减刑间隔时间和减刑幅度依照本规定第十一条的规定执行。

第十四条 被限制减刑的死刑缓期执行罪犯，减为有期徒刑后再减刑时，一次减刑不超过六个月有期徒刑，两次减刑间隔时间不得少于二年。有重大立功表现的，间隔时间可以适当缩短，但一次减刑不超过一年有期徒刑。

第十五条 对被判处终身监禁的罪犯，在死刑缓期执行期满依法减为无期徒刑的裁定中，应当明确终身监禁，不得再减刑或者假释。

第十六条 被判处管制、拘役的罪犯，以及判决生效后剩余刑期不满二年有期徒刑的罪犯，符合减刑条件的，可以酌情减刑，减刑起始时间可以适当缩短，但实际执行的刑期不得少于原判刑期的二分之一。

第十七条 被判处有期徒刑罪犯减刑时，对附加剥夺政治权利的期限可以酌减。酌减后剥夺政治权利的期限，不得少于一年。

被判处死刑缓期执行、无期徒刑的罪犯减为有期徒刑时，应当将附加剥夺政治权利的期限减为七年以上十年以下，经过一次或者几次减刑后，最终剥夺政治权利的期限不得少于三年。

第十八条 被判处拘役或者三年以下有期徒刑，并宣告缓刑的罪犯，一般不适用减刑。

前款规定的罪犯在缓刑考验期内有重大立功表现的，可以参照刑法第七十八条的规定予以减刑，同时应当依法缩减其缓刑考验期。缩减后，拘役的缓刑考验期限不得少于二个月，有期徒刑的缓刑考验期限不得少于一年。

第十九条 对在报请减刑前的服刑期间不满十八周岁，且所犯罪行不属于刑法第八十一条第二款规定情形的罪犯，认罪悔罪，遵守法律法规及监规，积极参加学习、劳动，应当视为确有悔改表现。

对上述罪犯减刑时，减刑幅度可以适当放宽，或者减刑起始时间、间隔时间可以适当缩短，但放宽的幅度和缩短的时间不得超过本规定中相应幅度、时间的三分之一。

第二十条 老年罪犯、患严重疾病罪犯或者身体残疾罪犯减刑时，应当主要考察其认罪悔罪的实际表现。

对基本丧失劳动能力，生活难以自理的上述罪犯减刑时，减刑幅度可以适当放宽，或者减刑起始时间、间隔时间可以适当缩短，但放宽的幅度和缩短的时间不得超过本规定中相应幅度、时间的三分之一。

第二十一条 被判处有期徒刑、无期徒刑的罪犯在刑罚执行期间又故意犯罪，新罪被判处有期徒刑的，自新罪判决确定之日起三年内不予减刑；新罪被判处无期徒刑的，自新罪判决确定之日起四年内不予减刑。

罪犯在死刑缓期执行期间又故意犯罪，未被执行死刑的，死刑缓期执行的期间重新计算，减为无期徒刑后，五年内不予减刑。

被判处死刑缓期执行罪犯减刑后，在刑罚执行期间又故意犯罪的，依照第一款规定处理。

第二十二条 办理假释案件，认定“没有再犯罪的危险”，除符合刑法第八十一条规定的情形外，还应当根据犯罪的具体情节、原判刑罚情况，在刑罚执行中的一贯表现，罪犯的年龄、身体状况、性格特征，假释后生活来源以及监管条件等因素综合考虑。

第二十三条 被判处有期徒刑的罪犯假释时，执行原判刑期二分之一的时间，应当从判决执行之日起计算，判决执行以前先行羁押的，羁押一日折抵刑期一日。

被判处无期徒刑的罪犯假释时，刑法中关于实际执行刑期不得少于十三年的时间，应当从判决生效之日起计算。判决生效以前先行羁押的时间不予折抵。

被判处死刑缓期执行的罪犯减为无期徒刑或者有期徒刑后，实际执行十五年以上，方可假释，该实际执行时间应当从死刑缓期执行期满之日起计算。死刑缓期执行期间不包括在内，判决确定以前先行羁押的时间不予折抵。

第二十四条 刑法第八十一条第一款规定的“特殊情况”，是指有国家政治、国防、外交等方面特殊需要的情况。

第二十五条 对累犯以及因故意杀人、强奸、抢劫、绑架、放火、爆炸、投放危险物质或者有组织的暴力性犯罪被判处十年以上有期徒刑、无期徒刑的罪犯，不得假释。

因前款情形和犯罪被判处死刑缓期执行的罪犯，被减为无期徒刑、有期徒刑后，也不得假释。

第二十六条 对下列罪犯适用假释时可以依法从宽掌握：

（一）过失犯罪的罪犯、中止犯罪的罪犯、被胁迫参加犯罪的罪犯；

（二）因防卫过当或者紧急避险过当而被判处有期徒刑以上刑罚的罪犯；

（三）犯罪时未满十八周岁的罪犯；

（四）基本丧失劳动能力、生活难以自理，假释后生活确有着落的老年罪犯、患严重疾病罪犯或者身体残疾罪犯；

（五）服刑期间改造表现特别突出的罪犯；

（六）具有其他可以从宽假释情形的罪犯。

罪犯既符合法定减刑条件，又符合法定假释条件的，可以优先适用假释。

第二十七条 对于生效裁判中有财产性判项，罪犯确有履行能力而不履行或者不全部履行的，不予假释。

第二十八条 罪犯减刑后又假释的，间隔时间不得少于一年；对一次减去一年以上有期徒刑后，决定假释的，间隔时间不得少于一年六个月。

罪犯减刑后余刑不足二年，决定假释的，可以适当缩短间隔时间。

第二十九条 罪犯在假释考验期内违反法律、行政法规或者国务院有关部门关于假释的监督管理规定的，作出假释裁定的人民法院，应当在收到报请机关或者检察机关撤销假释建议书后及时审查，作出是否撤销假释的裁定，并送达报请机关，同时抄送人民检察院、公安机关和原刑罚执行机关。

罪犯在逃的，撤销假释裁定书可以作为对罪犯进行追捕的依据。

第三十条 依照刑法第八十六条规定被撤销假释的罪犯，一般不得再假释。但依照该条第二款被撤销假释的罪犯，如果罪犯对漏罪曾作如实供述但原判未予认定，或者漏罪系其自首，符合假释条件的，可以再假释。

被撤销假释的罪犯，收监后符合减刑条件的，可以减刑，但减刑起始时间自收监之日起计算。

第三十一条 年满八十周岁、身患疾病或者生活难以自理、没有再犯罪危险的罪犯，既符合减刑条件，又符合假释条件的，优先适用假释；不符合假释条件的，参照本规定第二十条有关的规定从宽处理。

第三十二条 人民法院按照审判监督程序重新审理的案件，裁定维持原判决、裁定的，原减刑、假释裁定继续有效。

再审裁判改变原判决、裁定的，原减刑、假释裁定自动失效，执行机关应当及时报请有管辖权的人民法院重新作出是否减刑、假释的裁定。重新作出减刑裁定时，不受本规定有关减刑起始时间、间隔时间和减刑幅度的限制。重新裁定时应综合考虑各方面因素，减刑幅度不得超过原裁定减去的刑期总和。

再审改判为死刑缓期执行或者无期徒刑的，在新判决减为有期徒刑之时，原判决已经实际执行的刑期一并扣减。

再审裁判宣告无罪的，原减刑、假释裁定自动失效。

第三十三条 罪犯被裁定减刑后，刑罚执行期间因故意犯罪而数罪并罚时，经减刑裁定减去的刑期不计入已经执行的刑期。原判死刑缓期执行减为无期徒刑、有期徒刑，或者无期徒刑减为有期徒刑的裁定继续有效。

第三十四条 罪犯被裁定减刑后，刑罚执行期间因发现漏罪而数罪并罚的，原减刑裁定自动失效。如漏罪系罪犯主动交代的，对其原减去的刑期，由执行机关报请有管辖权的人民法院重新作出减刑裁定，予以确认；如漏罪系有关机关发现或者他人检举揭发的，由执行机关报请有管辖权的人民法院，在原减刑裁定减去的刑期总和之内，酌情重新裁定。

第三十五条 被判处死刑缓期执行的罪犯，在死刑缓期执行期内被发现漏罪，依据刑法第七十条规定数罪并罚，决定执行死刑缓期执行的，死刑缓期执行期间自新判决确定之日起计算，已经执行的死刑缓期执行期间计入新判决的死刑缓期执行期间内，但漏罪被判处死刑缓期执行的除外。

第三十六条 被判处死刑缓期执行的罪犯，在死刑缓期执行期满后被发现漏罪，依据刑法第七十条规定数罪并罚，决定执行死刑缓期执行的，交付执行时对罪犯实际执行无期徒刑，死缓考验期不再执行，但漏罪被判处死刑缓期执行的除外。

在无期徒刑减为有期徒刑时，前罪死刑缓期执行减为无期徒刑之日起至新判决生效之日止已经实际执行的刑期，应当计算在减刑裁定决定执行的刑期以内。

原减刑裁定减去的刑期依照本规定第三十四条处理。

第三十七条 被判处无期徒刑的罪犯在减为有期徒刑后因发现漏罪，依据刑法第七十条规定数罪并罚，决定执行无期徒刑的，前罪无期徒刑生效之日起至新判决生效之日止已经实际执行的刑期，应当在新判决的无期徒刑减为有期徒刑时，在减刑裁定决定执行的刑期内扣减。

无期徒刑罪犯减为有期徒刑后因发现漏罪判处三年有期徒刑以下刑罚，数罪并罚决定执行无期徒刑的，在新判决生效后执行一年以上，符合减刑条件的，可以减为有期徒刑，减刑幅度依照本规定第八条、第九条的规定执行。

原减刑裁定减去的刑期依照本规定第三十四条处理。

第三十八条 人民法院作出的刑事判决、裁定发生法律效力后，在依照刑事诉讼法第二百五十三条、第二百五十四条的规定将罪犯交付执行刑罚时，如果生效裁判中有财产性判项，人民法院应当将反映财产性判项执行、履行情况的有关材料一并随案移送刑罚执行机关。罪犯在服刑期间本人履行或者其亲属代为履行生效裁判中财产性判项的，应当及时向刑罚执行机关报告。刑罚执行机关报请减刑时应随案移送以上材料。

人民法院办理减刑、假释案件时，可以向原一审人民法院核实罪犯履行财产性判项的情况。原一审人民法院应当出具相关证明。

刑罚执行期间，负责办理减刑、假释案件的人民法院可以协助原一审人民法院执行生效裁判中的财产性判项。

第三十九条 本规定所称“老年罪犯”，是指报请减刑、假释时年满六十五周岁的罪犯。

本规定所称“患严重疾病罪犯”，是指因患有重病，久治不愈，而不能正常生活、学习、劳动的罪犯。

本规定所称“身体残疾罪犯”，是指因身体有肢体或者器官残缺、功能不全或者丧失功能，而基本丧失生活、学习、劳动能力的罪犯，但是罪犯犯罪后自伤致残的除外。

对刑罚执行机关提供的证明罪犯患有严重疾病或者有身体残疾的证明文件，人民法院应当审查，必要时可以委托有关单位重新诊断、鉴定。

第四十条 本规定所称“判决执行之日”，是指罪犯实际送交刑罚执行机关之日。

本规定所称“减刑间隔时间”，是指前一次减刑裁定送达之日起至本次减刑报请之日止的期间。

第四十一条 本规定所称“财产性判项”是指判决罪犯承担的附带民事赔偿义务判项，以及追缴、责令退赔、罚金、没收财产等判项。

第四十二条 本规定自2017年1月1日起施行。以前发布的司法解释与本规定不一致的，以本规定为准。

最高人民法院审判监督庭负责人解读《关于办理减刑、假释案件具体应用法律的规定》

一、最高人民法院关于办理减刑、假释案件具体应用法律的规定》出台的背景

减刑、假释作为刑罚变更执行的重要措施，是我国刑法、刑事诉讼法等法律规定的重要制度，是宽严相济刑事政策在刑罚执行过程中的具体体现，对于激励罪犯积极改造，促进罪犯回归、融入社会，具有非常重要的意义。

这次出台的《最高人民法院关于办理减刑、假释案件具体应用法律的规定》（以下简称《规定》），是对2012年7月实施的《最高人民法院关于办理减刑、假释案件具体应用法律若干问题的规定》（以下简称2012年《规定》）的修改完善。这个司法解释到现在实施才刚刚四年，之所以要在短期内进行较大幅度的修改完善，主要原因：

一是要落实十八届三中、四中全会精神和中央政法委关于严格规范减刑、假释、暂予监外执行工作的重要部署。前些年，减刑、假释、暂予监外执行工

作中暴露出一些问题，尤其是一些“有权人”“有钱人”被判刑之后，减刑相对较快、假释及暂予监外执行比例过高、实际服刑时间偏短，个别案件办理违背法律及司法解释规定，甚至暗藏徇私舞弊、权钱交易，对司法公正和司法公信的损害巨大，造成影响恶劣。为此，党的十八届三中全会和四中全会决定提出“严格规范减刑、假释、保外就医程序，强化法律监督”，“完善刑罚执行制度，统一刑罚执行体制”的明确要求。2014 年 1 月 21 日，中央政法委发布《关于严格规范减刑、假释、暂予监外执行切实防止司法腐败的意见》（以下简称中政委《意见》），从“从严把握实体条件”“完善程序规定”“强化环节责任”“严惩腐败行为”四个方面，对减刑、假释、暂予监外执行提出新要求、新标准。为回应人民群众关切，贯彻落实十八届三中、四中全会《决定》和中央政法委《意见》精神，最高人民法院迅速出台了一系列贯彻举措，全面推行“五个一律工作要求”，发布减刑、假释程序性司法解释，建立职务犯罪罪犯减刑、假释案件备案审查制度，建立监督检查长效机制，定期公布典型案例，开通全国法院减刑假释暂予监外执行信息网，大力推动减刑、假释、暂予监外执行审理工作更加规范、透明，有效提升了司法公信力。这次新出台《规定》，就是要进一步从实体上统一减刑、假释案件的办案理念、裁判尺度和执法标准，进一步落实中央关于严格规范减刑、假释工作的部署。

二是要落实和细化刑法修正案（九）有关减刑、假释的新规定。2015 年 8 月，全国人大常委会审议通过的刑法修正案（九）规定，对于因贪污、受贿犯罪被判处死刑缓期执行的罪犯，人民法院根据犯罪情节等情况，可以同时决定在其死刑缓期执行二年期满依法减为无期徒刑后，终身监禁，不得减刑、假释；同时还规定，对判处死刑缓期执行的罪犯，在死刑缓期执行期间故意犯罪未执行死刑的，死刑缓期执行期间重新计算，并报最高人民法院备案。这些规定都需要通过司法解释进一步明确和细化。

三是要回应司法实践的强烈呼声，解决减刑、假释工作中遇到的突出问题。我国刑法、刑事诉讼法对减刑、假释的规定过于原则，实际操作问题目前主要靠司法解释细化和明确。近年来全国减刑、假释案件平均每年在 60 万件左右。减刑、假释的司法实践中，遇到不少带有普遍性的问题亟待研究解决。例如，如何界定减刑、假释性质问题，如何科学设置减刑的起始时间、间隔时间、减刑幅度以保障刑罚最佳执行效果问题，如何均衡适用减刑、假释以更好发挥假释功能问题，如何完善财产性判项的执行与减刑、假释的关联机制问题。对这些问题进行统一明确的规范是各地的强烈呼声，也是进一步统一减刑、假释工作的办案理念和标准，确保案件办理公平公正的迫切需要。

最高人民法院在认真总结各地办理减刑、假释案件实践经验的基础上，经过反复调研论证和广泛征求意见，制定出台了《规定》，该司法解释于2017年1月1日起施行。

二、《规定》的主要内容

本次修改，在2012年《规定》29个条文的基础上，修改条文17条，合并条文2条，删除（程序性）条文6条，新增条文20条，保留不变3条，总条文达42条。

一是明确了减刑、假释的性质及适用要求。减刑、假释的根本目的是激励罪犯积极改造，是刑罚执行过程中对积极改造罪犯的一种奖励性措施。为了澄清司法实践中对减刑、假释性质的认识偏差并纠正一些不正确做法，本次修改，在第一条中即规定“减刑、假释是激励罪犯改造的刑罚制度”。罪犯只有积极改造，表现优异者，才能获得减刑、假释。适用减刑、假释，必须贯彻宽严相济刑事政策，最大限度地发挥刑罚的功能和实现刑罚的目的。

二是落实中政委文件精神，依法严格规范“从严控制减刑、假释罪犯”的减刑、假释工作。对职务犯罪罪犯、黑社会性质组织犯罪罪犯、金融犯罪罪犯以及严重危害国家安全犯罪、恐怖活动犯罪、严重暴力性犯罪等依法应当从严控制减刑、假释的罪犯，新增减刑起始时间、间隔时间、减刑幅度从严的规定。

三是细化刑法修正案（九）有关减刑、假释的新规定。《规定》新增对决定终身监禁的贪污、受贿罪犯不得再减刑、假释的规定。对死缓考验期内故意犯罪但尚未达到情节恶劣，不执行死刑的罪犯，在明确死缓执行期间重新计算的同时，新增了“减为无期徒刑后，五年内不予减刑”的从严规定。

四是进一步完善了减刑起始时间、间隔时间、减刑幅度的规定。针对实践中一些罪犯减刑过快过多，实际执行刑期偏短，特别是对一些重刑犯的刑罚执行存在生刑过轻、死刑过重等问题，《规定》通过科学测算，对有期徒刑罪犯、无期徒刑罪犯、死刑缓期执行罪犯、死刑缓期执行限制减刑罪犯，在减刑起始时间、间隔时间、减刑幅度上均做了相应调整，以便有效的发挥刑罚的功能。

五是倡导扩大假释适用。从司法实践看，假释制度比减刑制度改造效果更好，假释罪犯再犯罪率更低。目前世界各国适用假释是一个普遍趋势，而在我国长期以来减刑适用占绝对优势，假释制度的价值功能未能得到有效发挥。考虑到目前我国社区矫正制度日益健全，扩大假释适用的条件不断改善，新司法解释规定，对部分罪行较轻、符合规定条件的罪犯可以依法从宽适用假释，对既符合减刑条件又符合假释条件的罪犯可以优先适用假释。

六是坚持问题导向，注重解决司法实践中一些具有普遍性的难点问题。例如罪犯又犯新罪以及原判死缓、无期徒刑罪犯发现漏罪后，已经实际执行刑期、减去刑期的处理；减刑、假释裁定在再审案件中的效力认定；罪犯履行财产性判项情况与减刑、假释关联等难点问题，这次都做了明确详细的规定，便于实际操作。

总之，这次新出台的《规定》进一步完善了刑罚执行变更的法律制度，进一步统一了全国减刑、假释案件的办案理念、裁判尺度和执法标准，有利于从实体制度上进一步保障减刑、假释案件办理的公平、公正，切实发挥减刑、假释对于促进罪犯积极改造，维护社会和谐稳定的重要作用，努力实现“让人民群众在每一个司法案件中感受到公平正义”的司法目标。

最高人民法院　最高人民检察院　公安部
关于敦促在逃人员投案自首的通告

（2019年7月23日）

为贯彻落实宽严相济刑事政策，依法惩处犯罪行为，维护社会安定，保护人民群众生命财产安全，同时给在逃犯罪嫌疑人、被告人（以下统称“在逃人员”）改过自新、争取宽大处理的机会，根据《中华人民共和国刑法》《中华人民共和国刑事诉讼法》的有关规定，特通告如下：

一、在逃人员自本通告发布之日起至2019年10月31日前自动投案，如实供述自己的罪行的，是自首。可以依法从轻或者减轻处罚；犯罪情节较轻的，可以依法免除处罚。

二、由于客观原因，本人不能在规定期限内到司法机关投案的，可以委托他人代为投案。犯罪后逃跑，在被通缉、追捕过程中，主动投案的，经查实确已准备去投案，或者正在投案途中，被公安机关抓获的，视为自动投案。

三、在逃人员的亲友应当积极规劝其尽快投案自首。经亲友规劝、陪同投案的，或者亲友主动报案后将在逃人员送去投案的，视为自动投案。

四、在逃人员有检举、揭发他人犯罪行为，经查证属实的，以及提供重要线索，从而得以侦破其他案件，或者有积极协助司法机关抓获其他在逃人员等立功表现的，可以依法从轻或者减轻处罚；有重大立功表现的，可以依法减轻或者免除处罚。

五、在逃人员要认清形势，珍惜机会，尽快投案自首，争取从宽处理。在规定期限内拒不投案自首的，司法机关将依法惩处。任何人不得为在逃人员提供隐藏处所、财物、交通工具，为其通风报信或者作假证明包庇，或者提供其他便利条件帮助其逃匿。经查证属实，构成犯罪的，将依法追究刑事责任。

六、凡知悉在逃人员情况、信息的公民，都有义务向司法机关检举揭发。司法机关将对检举揭发人员依法予以保护和保密。对威胁、报复举报人、控告人，构成犯罪的，依法追究刑事责任。

七、本通告自发布之日起施行。

［规章性文件］

司法部办公厅

关于进一步做好环境损害司法鉴定管理有关工作的通知

（2019 年 5 月 24 日）

各省、自治区、直辖市司法厅（局），新疆生产建设兵团司法局：

近年来，司法部认真贯彻落实习近平总书记生态文明建设思想，按照党中央、国务院关于打赢污染防治攻坚战的部署要求，全面加强环境损害司法鉴定机构和鉴定人管理，为打击环境违法犯罪提供了有力支持。2019 年 1 月，司法部与最高人民检察院、生态环境部、国家发展和改革委员会等十部门联合下发《关于在检察公益诉讼中加强协作配合依法打好污染防治攻坚战的意见》（高检会〔2019〕1 号）；2 月，司法部与最高人民法院、最高人民检察院、公安部、生态环境部等五部门联合下发《关于办理环境污染刑事案件有关问题的座谈会纪要》（高检会〔2019〕3 号），对开展环境公益诉讼和办理环境污染刑事案件中司法鉴定有关工作提出明确要求。为进一步做好环境损害司法鉴定管理工作，充分发挥司法鉴定在环境公益诉讼和环境污染刑事案件办理中的功能作用，现就有关事项通知如下：

一、切实加强业务指导和服务。要加强与生态环境部门沟通协作，认真研究解决环境损害司法鉴定流程、标准适用等方面的突出问题，增强业务指导的针对性和有效性。要依托环境损害司法鉴定机构登记评审专家库资源，尽快组建本省（区、市）环境损害司法鉴定专家顾问团队，为机构正常开展业务提供“手把手”、“点对点”式的专业指导和服务，帮助机构不断提升鉴定能力和质量。要搭建沟通交流平台，鼓励机构“走出去”，向大型综合性高资质、高水平环境损害司法鉴定机构和优秀鉴定人学习经验。要加大教育培训力度，按要求对每一名环境损害司法鉴定人每年进行专业培训，不断提高鉴定人能力素质。要加强典型宣传报道，大力宣传依法规范执业、有突出贡献的优秀鉴定机构和鉴定人，树立行业良好形象。

二、切实加强环境损害司法鉴定案例库建设。要加大案例报送力度，鼓励参与环境损害司法鉴定工作的鉴定人积极参与案例编写，将案例报送和“12348 中国法网”司法行政（法律服务）案例库收录数量作为评价鉴定机构能力水平的重要指标。每个鉴定机构原则上每个月至少向本省（区、市）司法厅（局）报送一篇鉴定案例，司法部将不定期发布环境损害司法鉴定指导性案例。要丰富环境损害司法鉴定案例类型，重点加强涉及污染物性质、土壤和地下水、地表水和沉积物、海洋、生态环境等的综合性鉴定案例，充分体现案例的多样性和多领域特点。要强化案例使用，指导鉴定机构和鉴定人加强对司法行政（法律服务）案例库中相关案例特别是优秀指导性案例的学习，不断提高环境损害司法鉴定业务水平。

三、及时推出一批检察公益诉讼中不预收鉴定费的鉴定机构。要全面梳理本省份已登记环境损害鉴定机构情况，主动与鉴定机构对接沟通，鼓励引导综合实力强、高资质高水平环境损害司法鉴定机构在不预先收取鉴定费的情况下，能够及时受理检察机关委托的环境公益诉讼案件，依法依规开展鉴定活动，出具鉴定意见，未预先收取的鉴定费待人民法院判决后由败诉方承担。对于积极主动承担环境公益诉讼业务且不预收鉴定费的鉴定机构，各地要在政策、资金等方面给予扶持。每个省份原则上至少报送 1 家在检察公益诉讼中不预先收取鉴定费的环境损害司法鉴定机构。

四、进一步规范环境损害司法鉴定案件委托受理工作。要指导环境损害司法鉴定机构规范案件委托受理工作，凡是涉及环境污染刑事案件定罪量刑的核心或关键专门性问题，比如公私财产损失的数额、超过排放标准的倍数、污染物性质判断等，只要办案机关委托进行鉴定，且鉴定事项在机构执业范围内的，应当接受委托进行鉴定，出具鉴定意见；对于办案机关的委托事项进行鉴定确有技术难度，一个鉴定机构执业范围内难以一次性解决的，可以联合其他有相关鉴定能力的鉴定机构和专家联合参与鉴定。要认真调查涉及环境损害司法鉴定机构不接受委托的投诉和举报事项，必要时组织专家进行核查，对于鉴定机构确实存在以非正当理由拒绝接受委托情形的，要按照相关规定严肃查处，查处结果及时通报相关部门并向社会公开；对于鉴定机构因正当理由无法接受委托的，应当引导委托人向有能力的鉴定机构委托鉴定。鼓励有关单位和个人及时向司法行政机关举报鉴定机构委托受理工作中的违法违规问题。

五、全面建立环境损害司法鉴定黑名单制度。按照国家关于加强社会信用体系建设的要求，对环境损害司法鉴定机构和鉴定人失信情况进行记录、公示和预警，对于存在违规收取高额费用、无故拖延鉴定期限、无正当理由拒绝接受鉴定委托、与有关人员串通违规开展鉴定等不良执业行为，或其他违反司法鉴定管理规定行为的鉴定机构和鉴定人，纳入环境损害司法鉴定黑名单，及时向社会公开，并推送给委托人，在委托前进行警示。各级司法行政机关要对纳入黑名单的鉴定机构和鉴定人进行重点监管，及时督促其进行整改，整改合格且在半年内依法诚信执业、无违法违规行为的鉴定机构和鉴定人可以移出黑名单。

六、加强环境损害司法鉴定机构和鉴定人执业分类管理。要组织司法鉴定管理干部和司法鉴定人认真学习《司法部 生态环境部关于印发〈环境损害司法鉴定执业分类规定〉的通知》（司发通〔2019〕65 号），全面准确理解七大鉴定事项细化后的 47 个执业类别的内涵和外延，为正确适用执业分类规定奠定良好基础。要督促各环境损害司法鉴定机构和鉴定人对照执业类别，主动评估执业能力，确保执业范围与能力水平相适应、相匹配。要加快完成执业类别重新核定工作，组织专家尽快对鉴定机构和鉴定人核报的执业类别进行评估，符合法定要求的，及时换发《司法鉴定许可证》和《司法鉴定人执业证》。

七、完善退出机制。加强事中事后监管，全面推行环境损害司法鉴定机构“双随机”抽查和鉴定意见书评查制度，每年至少进行一次第三方评价，全面核查执业范围，动态了解、掌握环境损害司法鉴定业务开展情况，及时注销不符合法定要求的鉴定机构和鉴定人。切实加强环境损害司法鉴定质量监管，督促鉴定机构建立完善内部质量控制体系，努力实现鉴定质量“零瑕疵”，对于存在弄虚作假导致鉴定意见严重失实、适用技术标准和规范明显错误等问题的鉴定机构和鉴定人，按照相关规定严肃查处。

落实本通知中的有关问题请及时报司法部公共法律服务管理局。

[地方性法规]

武汉市禁毒条例

（1997年8月22日武汉市第九届人民代表大会常务委员会第三十四次会议通过 1997年9月28日湖北省第八届人民代表大会常务委员会第三十次会议批准 根据2002年4月29日武汉市第十届人民代表大会常务委员会第三十三次会议通过 2002年5月31日湖北省第九届人民代表大会常务委员会第三十三次会议批准的《武汉市人民代表大会常务委员会关于修改〈武汉市禁毒条例〉的决定》第一次修正 根据2010年9月15日武汉市第十二届人民代表大会常务委员会第二十七次会议通过 2010年9月29日湖北省第十一届人民代表大会常务委员会第十八次会议批准的《武汉市人民代表大会常务委员会关于修改和废止部分地方性法规的决定》第二次修正 2018年11月23日武汉市第十四届人民代表大会常务委员会第十七次会议修订 2019年3月29日湖北省第十三届人民代表大会常务委员会第八次会议批准）

目 录

第一章　总　则

第一条　为了预防和惩治毒品违法犯罪行为，保护公民身心健康，维护社会秩序，根据《中华人民共和国禁毒法》、国务院《戒毒条例》和《易制毒化学品管理条例》等法律法规，结合本市实际，制定本条例。

第二条　本条例所称毒品，是指鸦片、海洛因、甲基苯丙胺（冰毒）、吗啡、大麻、可卡因，以及国家规定管制的其他能够使人形成瘾癖的麻醉药品和精神药品。

根据医疗、教学、科研的需要，依法可以生产、经营、使用、储存、运输麻醉药品和精神药品。

第三条　本条例适用于本市行政区域内禁毒宣传教育、毒品管制、戒毒管理与服务等工作。

第四条　禁毒工作坚持预防为主，综合治理，禁种、禁制、禁贩、禁吸并举的方针，依法严厉打击毒品违法犯罪行为。

第五条　市、区人民政府（含开发区、风景区管委会，下同）应当将禁毒工作纳入国民经济和社会发展规划，纳入精神文明建设、平安城市建设和社会治安综合治理考核内容，将禁毒经费列入本级财政预算。

街道办事处、乡（镇）人民政府负责社区戒毒、社区康复、吸毒人员的就业扶持和救助服务等工作，依法开展禁毒宣传教育。

居（村）民委员会应当协助人民政府及有关部门开展禁毒宣传、毒品预防、社区戒毒、社区康复等工作。

第六条　禁毒工作实行党委领导、政府负责、部门协同、社会共治的工作机制。

市、区设立禁毒委员会，负责组织、协调、指导本辖区内的禁毒工作，具体履行下列职责：

（一）制定禁毒工作规划、计划和政策措施；

（二）组织各成员单位开展禁毒工作，督促落实禁毒工作责任并定期开展考核；

（三）组织指挥毒品整治重大行动，对毒品问题严重的地区实行重点整治；

（四）建立健全禁毒联席会议制度，协调解决禁毒工作中的重大问题；

（五）宣传禁毒法律、法规和政策；

（六）监督检查禁毒法律、法规和政策的贯彻实施情况；

（七）组织开展禁毒工作调查研究，发布年度禁毒报告；

（八）完成上级禁毒委员会、本级党委和人民政府交办的其他工作。

禁毒委员会下设办公室，明确专职工作人员，承担禁毒委员会的日常工作。

第七条 禁毒委员会成员单位应当按照禁毒工作责任分工，依法履行下列职责：

（一）公安机关负责毒品查缉，毒品犯罪案件侦查，毒品行政违法案件查处，毒品原植物禁种，吸毒人员的查处、登记、动态管控，本系统强制隔离戒毒场所的管理，以及易制毒化学品的相关监督管理等工作；

（二）司法行政部门负责本系统强制隔离戒毒场所的管理，组织推动禁毒法治宣传教育等工作；

（三）卫生健康部门负责医疗机构麻醉药品、精神药品以及戒毒医疗机构的监督管理，指导戒毒医疗服务和吸毒所致精神障碍救治等工作；

（四）市场监督管理部门负责药品类易制毒化学品、麻醉药品和精神药品的相关监督管理，药物滥用监测等工作；

（五）应急管理部门负责非药品类易制毒化学品的安全监督管理等工作；

（六）教育行政部门负责组织、督导学校开展毒品预防教育工作；

（七）民政部门负责对符合条件的困难家庭戒毒康复人员提供救助服务；

（八）人力资源和社会保障部门负责戒毒康复人员的就业指导、职业培训和就业岗位推荐等工作；

（九）工会、共产主义青年团、妇女联合会应当结合各自工作，组织开展禁毒宣传、社会帮扶、志愿服务活动；

（十）禁毒委员会其他成员单位应当按照各自职责协同做好禁毒相关工作。

第八条 鼓励社会力量参与禁毒工作。鼓励社会工作者组织、志愿者组织以及其他组织和个人，参与禁毒社会服务和公益活动。鼓励单位和个人通过捐赠、设立帮扶项目等方式参与禁毒工作。市、区人民政府应当鼓励、支持禁毒社会工作者和志愿者开展禁毒活动，对其进行指导、培训，并提供必要的工作条件。

本市依法设立禁毒协会、禁毒基金会。禁毒协会由关心和热爱禁毒工作的企业事业单位、社会团体、其他组织和个人自愿组成。禁毒基金会可以依法接受社会和个人捐赠，捐赠专门用于禁毒工作。

第九条 鼓励高等院校、科研机构等单位开展禁毒科学技术研究和人才培养。

鼓励运用互联网、大数据等现代技术手段开展禁毒宣传教育、毒品管制、戒毒管理与服务等工作。

建立健全禁毒合作机制，开展禁毒执法、科研、教育等合作交流。

第十条 鼓励公民举报毒品违法犯罪行为。市禁毒委员会、市公安机关应当建立毒品违法犯罪举报奖励制度和保密制度，公布举报受理电话或者其他受理方式。

毒品违法犯罪举报奖励具体办法由市人民政府另行制定。

市、区人民政府应当对在禁毒工作中有突出贡献的单位和个人给予表彰和奖励。

第二章　禁毒宣传教育

第十一条 市、区人民政府应当建立全社会共同参与的禁毒宣传教育工作体系，加强禁毒教育基地建设，普及毒品危害及预防知识，开展禁毒宣传教育。

第十二条 文化和旅游部门、新闻出版、广播电视主管部门应当通过多种方式向社会开展禁毒宣传教育。

报刊、广播、电影、电视、互联网等传播媒体应当制定和实施禁毒公益宣传教育方案，安排宣传版面和时段，定期刊登、播放禁毒宣传广告和公益节目。

从事移动通讯、公共显示屏等信息服务的单位应当刊登、播放禁毒公益广告。

公共图书馆、阅览室应当配备禁毒知识读物和音像资料。

第十三条 教育行政部门应当将毒品预防教育纳入教学、考试内容，对学校开展毒品预防教育情况进行监督指导。

中小学校应当将毒品预防教育作为校本课程重要内容，落实教学计划和课时。中等职业学校、高等学校应当将禁毒知识纳入教学计划和课程内容。

各类学校应当组织学生参观禁毒教育基地，利用校园网、图书馆、阅览室、广播站、宣传栏等载体，开展多种形式的禁毒宣传教育。

第十四条 工会、共产主义青年团、妇女联合会及社区居民委员会应当结合各自工作对象的特点，重点加强对青少年等群体的禁毒宣传教育。

未成年人的父母或者其他监护人应当对未成年人进行毒品危害和药物滥用危害教育，防止其吸食毒品或者进行其他毒品违法犯罪活动。

第十五条 国家机关、社会团体、企业事业单位以及其他组织应当对本单位人员开展禁毒宣传教育。

各级党校、行政学院等干部培训机构应当将禁毒教育纳入相关教学内容。

第十六条 市、区人民政府及其有关部门、街道办事处、乡（镇）人民政府、村（居）民委员会、社区应当加强乡村禁毒文化建设，针对不同地区、不同人群、不同时段，因地制宜采取针对性、特色化的禁毒宣传教育，推进农村禁毒宣传教育全覆盖。

鼓励在村规民约中规定禁毒的内容，并督促遵守。

第十七条 城市公共交通、公路运输、物流、邮政、快递等经营单位应当在其经营场所的显著位置设立禁毒警示标志，开展禁毒宣传。

第十八条 酒店旅馆、歌舞娱乐、游艺娱乐、酒吧、桑拿、足浴、互联网上网服务等营业场所的经营者或者管理者应当对场所从业人员进行禁毒宣传教育，签订禁毒责任书，并在经营场所的显著位置张贴或者摆放禁毒警示标志、禁毒宣传品，公布举报方式。

第三章　毒品管制

第十九条 生产、经营、购买、运输、储存、使用麻醉药品、精神药品和易制毒化学品的单位、企业及有关人员，应当严格执行法律法规和有关规定，建立健全内部管理制度，保证麻醉药品、精神药品和易制毒化学品的安全使用，防止流入非法渠道。

第二十条　邮政、快递、物流寄递企业应当严格执行寄递实名登记制度和收寄验视制度，发现寄递疑似毒品或者非法寄递易制毒化学品的，及时向相关主管部门和公安机关报告。实名登记相关信息的保存期限不得少于一年。

货物代理、报关单位应当如实申报进出口货物品名、数量，发现疑似毒品和易制毒化学品的，及时向相关主管部门和公安机关报告。

第二十一条　禁止在生产经营的食品中添加罂粟壳、罂粟籽、罂粟苗、大麻籽、大麻苗等毒品原植物、种子、幼苗及其制品。

第二十二条　酒店旅馆、歌舞娱乐、游艺娱乐、酒吧、桑拿、足浴、互联网上网服务等营业场所的经营者或者管理者应当建立预防毒品违法犯罪的日常巡查制度，发现涉嫌毒品违法犯罪行为的，及时向公安机关报告。

公安机关应当加强对酒店旅馆、歌舞娱乐、游艺娱乐、酒吧、桑拿、足浴、互联网上网服务等营业场所及出租屋的日常巡查，依法查处毒品违法犯罪行为。公安机关应当向文化和旅游、市场监督管理等部门通报查处的毒品违法犯罪行为，文化和旅游、市场监督管理等部门应当对相关经营者或者管理者依法予以处理。

文化和旅游、市场监督管理等部门在日常巡查中发现疑似毒品违法犯罪行为的，应当向公安机关通报；经公安机关查证属实的，文化和旅游、市场监督管理等部门应当对相关经营者或者管理者依法予以处理。

第二十三条　三年内有吸食、注射毒品行为或者解除强制隔离戒毒措施未满三年，或者长期服用依赖性精神药品成瘾尚未戒除的人员，不得驾驶机动车、船舶、轨道交通、航空器等交通运输工具。

公路、水运、铁路、航空等交通运输经营单位应当定期组织本单位驾驶人员进行吸毒检测，并主动接受公安机关的监督检查；发现驾驶人员有吸毒行为的，应当立即停止其驾驶工作，并向交通运输管理部门和公安机关报告。

第二十四条　公安、市场监督管理、邮政、应急管理、卫生健康、交通运输、商务、海关、网信等部门应当加强对麻醉药品、精神药品和易制毒化学品的监管，建立信息共享、流向追溯、责任倒查等制度。

第二十五条 公安机关应当依法对易制毒化学品的运输进行管理。易制毒化学品使用企业转让国务院《易制毒化学品管理条例》规定的三类易制毒化学品的，应当将品种、数量、受让人名称向公安机关报告。

第二十六条 生产、经营、使用、储存国务院《易制毒化学品管理条例》规定的第一类易制毒化学品、醋酸酐和苯乙酸以及麻醉药品和精神药品的单位应当安装视频监控设施和报警装置，并与公安机关联网。

第二十七条 生产、经营、购买、储存和进出口易制毒化学品的单位应当建立出入库登记制度，在出库、入库后的五个工作日内将品种、数量、流向、用途等信息录入公安机关的易制毒化学品监管系统，并按照国务院《易制毒化学品管理条例》规定向应急管理部门备案。

第二十八条 对依法收缴、查获的易制毒化学品，可以回收利用的，交有资质的易制毒化学品生产、经营、使用单位回收；无法回收利用的，应当依照环境保护法律法规的规定，按照危险废物进行管理，在生态环境部门和公安机关的监督下，移交具备销毁易制毒化学品能力的危险废物无害化处理处置单位进行无害化处理。其中，对收缴、查获的第一类中的药品类易制毒化学品，一律销毁。

第二十九条 药品零售企业应当严格执行含麻黄素等特殊药品复方制剂实名登记、医用单张处方最大剂量、专柜专人管理等规定；发现一个月内三次以上购买含麻黄素等特殊药品复方制剂的，应当及时向市场监督管理部门报告。

药品生产、批发企业发现出售的含麻黄素等特殊药品复方制剂被用于非法目的的，应当立即停止销售，并向市场监督管理部门或者公安机关报告。

市场监督管理部门应当加强对含麻黄素等特殊药品复方制剂的监督检查，依法查处违法行为。

第三十条 任何单位和个人不得使用网络传播涉毒违法有害信息。网络运营者应当加强对其用户发布信息的管理，发现利用网络进行涉毒违法犯罪活动、传播涉毒违法有害信息的，应当立即向公安机关报告，并及时采取停止传输、保存记录、删除违法信息、防止信息扩散、留存后台日志等措施。

网信、公安等有关部门应当按照各自职责加强对网络传播涉毒违法有害信息的监测、处置，网络运营者应当予以配合。

第四章　戒毒管理与服务

第三十一条　公安机关应当加强对吸毒人员的发现、认定、登记、分类和查处，实行动态管控。吸毒人员户籍所在地与现居住地不一致的，以现居住地公安机关为主负责动态管控，户籍地公安机关协助。

对符合下列情形之一的吸毒人员，不再纳入动态管控：

（一）吸毒被查获后，未被认定为吸毒成瘾，自被查获之日起三年内无吸毒行为的；

（二）自社区戒毒、社区康复协议执行之日起三年内无吸毒行为且无严重违反社区戒毒、社区复康协议的；

（三）被解除强制隔离戒毒，自解除之日起三年内无吸毒行为的；

（四）法律法规规定的其他情形。

第三十二条　戒毒工作采取自愿戒毒、社区戒毒、强制隔离戒毒、社区康复等多种措施，建立戒毒治疗、心理矫治、康复指导、救助服务相结合的工作体系。

第三十三条　街道办事处、乡（镇）人民政府设立社区戒毒社区康复工作机构，落实专门办公场所，配备专职禁毒社会工作者，将吸毒人员管控纳入网格化社会服务管理体系。

社区戒毒社区康复工作机构根据吸毒人员染毒情况、行为特征、现实表现等，综合评定吸毒人员的风险等级，实行分类管理，并提供必要的心理治疗和辅导、职业培训以及就学、就业、就医援助。

第三十四条　鼓励吸毒人员自行到戒毒医疗机构接受戒毒治疗。对自愿接受戒毒治疗的吸毒人员，公安机关对其原吸毒行为依法不予处罚。未成年人自愿戒毒的，由其监护人提出。

吸毒人员户籍所在地或者现居住地街道办事处、乡（镇）人民政府可以对无能力支付戒毒医疗费用的家庭困难吸毒人员提供戒毒治疗救助。

第三十五条　符合参加戒毒药物维持治疗条件的戒毒人员，由本人申请，并经戒毒药物维持治疗机构登记，可以依法参加使用戒毒药物维持治疗。登记参加戒毒药物维持治疗的戒毒人员的信息应当及时报公安机关备案。

第三十六条 鼓励吸毒人员通过医疗约束性戒毒治疗戒除毒瘾。

吸毒人员自愿接受医疗约束性戒毒治疗的，可以向吸毒人员户籍所在地、现居住地公安机关或者街道办事处、乡（镇）人民政府提出申请。

吸毒人员或者其监护人应当与医疗约束性戒毒治疗机构签订戒毒治疗协议，就戒毒治疗期限、措施、权利义务等事项进行约定，接受戒毒治疗。

第三十七条 戒毒场所应当坚持科学戒毒，根据戒毒人员吸食、注射毒品的种类、成瘾程度和戒断症状，进行医学戒治、心理矫治、认知矫正、康复训练、社会适应、延伸跟踪指导和评估。

第三十八条 戒毒场所应当依法保障戒毒人员的合法权益，不得侮辱、体罚、虐待戒毒人员，不得指使、纵容他人侮辱、体罚、虐待戒毒人员。

戒毒场所的主管部门应当对戒毒场所进行监督检查，及时制止、纠正和查处侵犯戒毒人员合法权益的行为。

第三十九条 区人民政府应当按照国家规定的比例，通过社会公开招聘、政府购买服务等方式，组建禁毒社会工作者队伍，建立教育培训和薪酬保障制度。

禁毒社会工作者由区禁毒委员会办公室负责管理，按照岗位职责分别开展禁毒宣传教育、禁毒工作信息数据维护、吸毒人员管理、社区戒毒、社区康复、吸毒人员帮扶救助服务、吸毒人员心理矫治等工作。

从事社区戒毒、社区康复工作的人员以及其他禁毒社会工作者因工致伤、致残或者死亡的，依法享受工伤保险待遇。

第四十条 社区戒毒、社区康复按照下列方式执行：

（一）在吸毒人员户籍所在地街道办事处、乡（镇）人民政府执行；

（二）本市吸毒人员现居住地与户籍所在地不一致，可以在现居住地执行；

（三）市外吸毒人员在本市居住半年以上，有合法稳定就业或者住所的，可以在现居住地执行；

（四）户籍所在地或者现居住地发生变化，由原执行地街道办事处、乡（镇）人民政府按照规定将有关材料转送至新执行地街道办事处、乡（镇）人民政府，重新签订社区戒毒、社区康复协议，继续执行剩余期限。

第四十一条 被责令接受社区康复的人员拒绝接受社区康复或者严重违反

社区康复协议，并再次吸食、注射毒品被决定强制隔离戒毒的，强制隔离戒毒不得提前解除。

社区康复人员自收到责令社区康复决定书之日起十五日内，无故未到户籍所在地或者现居住地街道办事处、乡（镇）人民政府签订社区康复协议的，属于拒绝接受社区康复。

社区康复人员在社区康复期间，有下列情形之一的，属于严重违反社区康复协议：

（一）逃避或者拒绝接受检测三次以上；

（二）擅自离开社区康复执行地所在区三次以上或者累计超过三十日的。

第四十二条 强制隔离戒毒场所应当与强制隔离戒毒人员现居住地或者户籍所在地的有关部门和单位加强合作，开展信息对接、所内帮教、戒毒效果回访评估等活动。

强制隔离戒毒场所按照规定对戒毒人员的戒毒康复、现实表现、适应社会能力等情况进行综合评估后，应当提出是否提前、按期解除强制隔离戒毒或者延长强制隔离戒毒期限的意见，并按规定程序报原强制戒毒决定机关批准。

强制隔离戒毒场所应当在强制隔离戒毒人员解除强制隔离戒毒七日前，告知解除强制隔离戒毒决定机关，并通知其家属、所在单位、居住地或者户籍地派出所按期将其领回。

强制隔离戒毒场所应当自强制隔离戒毒人员出所之日起三日内，向其居住地或者户籍所在地的街道办事处、乡（镇）人民政府移交有关法律文书和诊断评估结果等材料。

第四十三条 公安机关、司法行政部门应当设置专门区域收治病残强制隔离戒毒人员，并提供治疗。

公安机关、司法行政部门应当会同卫生健康部门，依托医疗卫生机构，设置专门场所收治患有肺结核、艾滋病等严重传染病以及严重精神障碍的强制隔离戒毒人员。

病残强制隔离戒毒人员的具体收治办法，由市人民政府另行制定。

第四十四条 市、区人民政府应当建立戒毒就业帮扶场所，并鼓励和支持社会力量依法开办公益性就业帮扶场所，对戒毒人员进行职业培训，帮助戒毒人员回归社会。

第四十五条 市、区人民政府应当统筹社会资源，加强戒毒人员的就业和社会保障工作，鼓励和支持社会组织、企业事业单位和个人参与戒毒人员就业服务工作。

鼓励和支持戒毒人员自谋职业、自主创业，有关部门和单位应当给予戒毒人员必要的指导和帮助。

第四十六条 戒毒人员在入学、就业、享受社会保障等方面不受歧视。

戒毒人员可以按照国家和省、市有关规定参加社会保险，接受职业培训、就业指导，获得社会救助。教育、民政、人力资源和社会保障等部门应当在入学、就业、享受社会保障等方面对戒毒人员给予必要的指导和帮助。

第四十七条 吸毒人员的个人信息依法予以保护，除法律法规另有规定外，相关部门不得公开或者向其他单位、个人提供。

第五章 法律责任

第四十八条 违反本条例规定，法律法规对法律责任已有规定的，从其规定。

第四十九条 违反本条例第十七条规定，城市公共交通、公路运输、物流、邮政、快递等经营单位未按照规定在其经营场所的显著位置设立禁毒警示标志的，由公安机关责令限期改正，给予警告。

第五十条 违反本条例第十八条和第二十二条第一款规定，酒店旅馆、歌舞娱乐、游艺娱乐、酒吧、桑拿、足浴、互联网上网服务等营业场所的经营者或者管理者未按照规定建立预防毒品违法犯罪日常巡查制度的，或者未按照规定对从业人员进行毒品预防教育培训、签订禁毒责任书的，或者未按照规定在场所显著位置张贴或者摆放禁毒警示标志、禁毒宣传品、公布举报方式，由公安机关责令限期改正，给予警告；拒不改正的，责令停业整顿一个月至三个月。

第五十一条 违反本条例第二十条第一款规定，邮政、快递、物流寄递企业发现寄递疑似毒品或者非法寄递易制毒化学品，未及时向相关部门报告的，由相关主管部门依法予以处罚。

违反本条例第二十条第二款规定，货物代理、报关单位发现疑似毒品和易制毒化学品，未及时向相关部门报告的，由相关主管部门依法予以处罚。

第五十二条 违反本条例第二十三条第二款规定，交通运输经营单位未定期组织本单位驾驶人员进行吸毒检测的，由公安机关责令改正，给予警告。交通运输经营单位发现驾驶人员有吸毒行为，未停止其驾驶工作、未向交通运输管理部门和公安机关报告的，由公安机关责令改正，处一万元以上五万元以下罚款；情节严重的，处五万元以上十万元以下罚款。

第五十三条 违反本条例第二十五条规定，易制毒化学品使用企业转让国务院《易制毒化学品管理条例》规定的三类易制毒化学品，未及时向公安机关报告易制毒化学品品种、数量、受让人名称的，由公安机关给予警告，责令限期改正，处一万元以上五万元以下罚款。

第五十四条 违反本条例第二十六条规定，生产、经营、使用、存储国务院《易制毒化学品管理条例》规定的第一类易制毒化学品、醋酸酐和苯乙酸以及麻醉药品和精神药品的单位安装的视频监控设施和报警装置未与公安机关联网的，由公安机关责令改正；拒不改正的，对单位处一万元以上五万元以下罚款，对直接负责的主管人员和其他直接责任人员处一千元以上三千元以下罚款。

第五十五条 违反本条例第二十九条第一款规定，药品零售企业未严格执行含麻黄素等特殊药品复方制剂销售管理规定的，或者发现一个月内三次以上购买含麻黄素等特殊药品复方制剂，未向市场监督管理部门报告的，由市场监督管理部门给予警告，处二千元以上五千元以下罚款；情节严重的，处五千元以上二万元以下罚款。

违反本条例第二十九条第二款规定，药品生产、批发企业发现出售的含麻黄素等特殊药品复方制剂被用于非法目的，未立即停止销售并向市场监督管理部门或者公安机关报告的，由市场监督管理部门或者公安机关给予警告，处一万元以上五万元以下罚款。

第五十六条 国家机关和有关单位有下列情形之一的，由同级禁毒委员会或者上级机关、主管部门责令限期改正；逾期不改正的，予以通报批评；情节严重的，由上级机关、主管部门或者监察机关对直接负责的主管人员和其他直接责任人员依法给予处理：

（一）未依法履行禁毒工作职责的；

（二）未对毒品违法犯罪行为举报人的个人信息予以保密，或者未采取措施保护举报人，造成举报人人身安全受到侵害的；

（三）未采取必要的安全保护措施，造成强制隔离戒毒人员实施危害自身和他人人身安全行为，造成严重后果的；

（四）未按规定收治病残强制隔离戒毒人员的；

（五）其他滥用职权、玩忽职守、徇私舞弊的情形。

第六章　附　则

第五十七条　本条例所称开发区，是指武汉东湖新技术开发区、武汉经济技术开发区；风景区，是指武汉市东湖生态旅游风景区。

第五十八条　本条例自2019年6月26日起施行。

［地方司法业务文件］

山东省高级人民法院

关于印发黑恶势力刑事案件审理工作规范的通知

2019 年 5 月 30 日　　鲁高法〔2019〕27 号

各市中级人民法院、济南铁路运输中级法院：

《关于黑恶势力刑事案件审理的工作规范》已经山东省高级人民法院审判委员会全体会议 2019 年第 11 次会议讨论通过，现印发给你们，请认真贯彻执行。

附：

山东省高级人民法院

关于黑恶势力刑事案件审理的工作规范

为规范黑恶势力刑事案件审理工作，根据刑法、刑事诉讼法及有关司法解释、规范性文件的规定，结合我省实际，制定本工作规范。

第一条　严格案件受理审查。对提起公诉的第一审黑恶势力刑事案件，人民法院在收到起诉书和案卷、证据后，除依照《最高人民法院关于适用〈中华人民共和国刑事诉讼法〉的解释》第一百八十条的规定进行审查外，还应审查以下内容：

（一）被告人是否为中共党员、人大代表、政协委员、基层党组织成员、国家工作人员，是否附有相关证明材料。

（二）对于采取技术侦查措施收集的证据材料，是否附有采取技术侦查措施的批准决定书等书面材料。

（三）是否查封、扣押、冻结被告人的违法所得或者其他涉案财产，是否有证明涉案财产来源、性质、价值、权属、名称、数量、处置情况的证据材料。

（四）是否列明被害人的姓名、住址、联系方式，是否有户籍证明等身份证明材料。

第二条 及时报告案件受理信息。人民法院对提起公诉的黑恶势力刑事案件依法受理后，应当同时报告同级扫黑办和上级法院，并层报省法院备案。

第三条 认真做好庭前准备工作。开庭审理黑恶势力刑事案件前，人民法院应当进行下列工作：

（一）确定审判长及合议庭组成人员。黑恶势力刑事案件由中、基层人民法院院长担任审判长。社会影响重大的案件，应当依法由法官三人与人民陪审员四人组成合议庭进行审理。

（二）告知被告人可以委托辩护人。对于被告人没有委托辩护人的，应当通知法律援助机构指派律师为其提供辩护。

（三）审理黑恶势力刑事案件，应当通知对辩护律师所属事务所具有监督管理权限的司法行政机关派员旁听。

第四条 组织召开庭前会议。人民法院审理黑社会性质组织和重大恶势力集团刑事案件，应当召开庭前会议。其他恶势力刑事案件，根据审理需要，可以召开庭前会议。召开庭前会议三日前，应当将庭前会议方案报告同级扫黑办，并层报省法院备案。

第五条 认真制定庭审方案。开庭审理前，审判人员应当制定详细的庭审提纲、庭审预案。庭审预案包括开庭审理计划、安全保卫、后勤保障、宣传报道、突发情况处置等事项。黑社会性质组织和重大恶势力集团刑事案件，还应制定“三同步”方案。庭审提纲、庭审预案、“三同步”方案，应当在开庭审理三日前层报省法院。“三同步”方案应当在开庭审理三日前报同级扫黑办。

第六条 认真组织旁听。公开审理的有重大社会影响的黑社会性质组织和重大恶势力集团刑事案件，可以邀请党代表、人大代表、政协委员、特邀监督员、专家学者，以及有关业务主管部门人员旁听。

第七条 认真组织法庭调查。法庭调查应当严格按照《人民法院办理刑事案件第一审普通程序法庭调查规程（试行）》的规定进行。区分黑社会性质组织实施的犯罪和个人实施的犯罪，分别进行调查。对于黑社会性质组织罪的调查，按照先具体犯罪、后黑社会性质组织罪的顺序进行。

对指控的犯罪事实调查结束后，应当对涉案财产情况进行专门调查，组织控辩双方对涉案财产情况进行举证、质证，查清涉案财产的来源、性质、价值、权属、名称、数量、处置情况等。

第八条 切实做好证人、鉴定人出庭保护工作。开庭审理时，证人、鉴定人因出庭作证，本人或者其近亲属的人身安全面临危险的，应当采取不公开其真实姓名、住址和工作单位等个人信息，或者不暴露其外貌、真实声音等保护措施。必要时，可以进行物理隔离，以音频、视频传送的方式作证，并对声音、图像进行技术处理。依法决定不公开证人、鉴定人真实姓名、住址和工作单位等个人信息的，应当在开庭前核实其身份。证人、鉴定人签署的如实作证保证书应当列入审判副卷，不得对外公开。

被害人出庭参加诉讼的，参照上述规定。

第九条 认真组织法庭辩论。法庭调查结束后，审判长应当组织控辩双方就定罪、量刑的事实、证据和法律适用等问题进行辩论。法庭辩论中，应当组织控辩双方就涉案财产处置进行专门辩论。恶势力刑事案件的被告人及其辩护人对是否构成恶势力提出异议的，可以组织控辩双方进行专门辩论。

第十条 认真组织案件讨论研究。庭审结束后，合议庭及时进行认真评议，提出案件处理意见。黑社会性质组织和重大恶势力集团刑事案件，合议庭提出处理意见后，应当组织刑事专业法官会议进行讨论，并提交审判委员会讨论决定，形成案件处理意见，并层报省法院。

第十一条 稳妥组织案件宣判。黑社会性质组织和重大恶势力集团刑事案件，宣判前应当制定“三同步”方案，报同级扫黑办，并层报省法院。

第十二条 认真落实提前介入机制。对重大敏感黑恶势力刑事案件，可以在侦查、起诉阶段及时主动提前介入，深入研究案件事实和性质，对重大问题及时提出意见建议。

第十三条 认真落实案件会商和联席会议机制。案件审理中，在事实证据、性质认定等方面，与检察机关存在重大分歧时，应当协调法、检两院相关人员进行案件会商，必要时提交当地扫黑办，组织召开联席会议，最大限度形成共识，确保原则问题解决在起诉前、庭审前和判决前。

第十四条 健全线索排查、转办机制。刑事审判、民商事审判、行政审判、申诉信访和执行部门协作联动，深入排查涉黑涉恶及其“保护伞”“关系网”等线索，及时报扫黑办，由扫黑办转交有管辖权的办案机关查处。

第十五条 加强司法建议工作。在审理黑恶势力犯罪案件中，认真查找案件反映出的行业管理漏洞，及时向相关部门提出有针对性的司法建议，加强跟踪问效，督促相关部门改进工作。同时，将司法建议及跟踪问效情况层报省法院。

第十六条 本工作规范自印发之日起施行。

山东省高级人民法院

关于印发适用认罪认罚从宽制度审理刑事案件指导意见的通知

2019年4月25日　　鲁高法〔2019〕20号

各市中级人民法院、济南铁路运输中级法院：

《山东省高级人民法院关于适用认罪认罚从宽制度审理刑事案件的指导意

见（试行）》已经山东省高级人民法院审判委员会2019年第8次（总第8次）会议讨论通过，现予以印发，自印发之日起试行。在执行过程中如有问题和建议，请及时层报省法院刑事审判第三庭。

附：

山东省高级人民法院
关于适用认罪认罚从宽制度审理刑事案件的指导意见（试行）

为全面推进认罪认罚从宽制度在全省法院的统一有效实施，合理配置司法资源，推进繁简分流，依照《中华人民共和国刑法》《中华人民共和国刑事诉讼法》及相关司法解释等规定，结合山东刑事审判实际，制定本指导意见。

第一条 被告人自愿如实供述自己的罪行，承认指控的犯罪事实，愿意接受处罚的，可以依法从宽处理。

第二条 适用认罪认罚从宽制度审理刑事案件，应当坚持宽严相济、罪责刑相适应和证据裁判的原则。

第三条 对于犯罪性质恶劣、犯罪手段残忍、社会危害严重、群众反映强烈的刑事案件，应当慎重适用认罪认罚从宽制度。

第四条 对于提起公诉的认罪认罚刑事案件，人民法院应当重点审查起诉书、卷宗、证据及认罪认罚具结书等证明被告人认罪认罚情况的材料是否移送，证明被告人认罪认罚情况的材料没有移送的，应当通知人民检察院在三日内补送。

对于人民检察院建议适用速裁程序审理的认罪认罚刑事案件，应当建立快速受理通道审查受理。

第五条 认罪认罚刑事案件受理后，对于被告人没有委托辩护人或者不符合法律援助条件的，人民法院应当通知值班律师为其提供法律咨询、程序选择建议、申请变更强制措施、对案件处理提出意见等法律帮助，并为值班律师履行职责提供便利。

被告人提出不需要值班律师帮助，坚持自愿认罪认罚的，应当作出书面声明。人民法院可以允许，并记录在案。

第六条 认罪认罚刑事案件受理后，应当及时向被告人、辩护人、值班律师送达起诉书副本，同时向被告人送达权利义务告知书。

第七条 人民检察院建议对被告人判处管制或者宣告缓刑，委托被告人居住地县级司法行政机关调查评估，但案件移送起诉时调查评估结果尚未出具的，不影响案件的受理。

对被告人可能判处管制或者宣告缓刑，需要调查被告人对所居住社区影响的，人民法院可以委托被告人居住地县级司法行政机关进行调查评估，也可以自行调查评估。自行调查评估的，应当记录在案。

第八条 审理认罪认罚刑事案件，除依照法律审查、认定案件事实证据外，还应当重点审查自首、坦白、当庭认罪、退赃退赔、预缴罚金、积极赔偿被害人损失与被害人方达成调解或者和解协议等反映被告人认罪和认罚的情节。

第九条 审理认罪认罚刑事案件，应当根据不同诉讼阶段被告人认罪认罚的积极性、主动性、稳定性，确定不同的从宽量刑幅度。

被告人认罪认罚后翻供或者不认罚，后又认罪认罚的，按最后认罪认罚的阶段从严掌握从宽量刑幅度。

第十条 审理认罪认罚刑事案件，应当区别情况决定适用速裁程序、简易程序或者普通程序审理。

第十一条 审理认罪认罚刑事案件，应当在庭前听取被害人及其诉讼代理人的意见。

第十二条 审理认罪认罚刑事案件，应当当庭告知被告人享有的诉讼权利和认罪认罚的法律规定，审查认罪认罚的自愿性和认罪认罚具结书内容的真实性、合法性。重点审查以下内容：

（一）是否知悉认罪认罚从宽制度的相关规定；

（二）是否清楚自愿认罪认罚的法律后果；

（三）是否获得有效法律帮助；

（四）是否自愿认罪认罚；

（五）签署的认罪认罚具结书是否其真实意思表示，签署认罪认罚具结书时辩护人或者值班律师是否在场；

（六）是否同意适用速裁程序或者简易程序审理。

被告人具有刑事诉讼法第一百七十四条第二款规定的情形之一，不需要签署认罪认罚具结书的，还应当重点审查以下内容：

（一）是否知悉并认可人民检察院指控的犯罪事实；

（二）人民检察院是否就量刑建议与被告人进行沟通；

（三）双方沟通时是否有辩护人或者值班律师在场；

（四）是否认可人民检察院提出的量刑建议。

第十三条 有下列情形之一的，人民法院应当分别向人民检察院、被告人、辩护人、值班律师送达适用速裁程序审理决定书：

（一）人民检察院建议适用速裁程序审理，经审查认为符合速裁程序适用条件的；

（二）人民检察院没有建议适用速裁程序审理，经审查认为符合速裁程序适用条件，或者受案后出现具备适用速裁程序审理的条件，且被告人同意适用速裁程序审理的。

第十四条 适用速裁程序审理案件，由审判员一人独任审判，可以采取远程视频开庭、多案集中开庭等庭审方式，送达期限不受刑事诉讼法规定的限制。

第十五条 适用速裁程序审理案件，一般按照下列程序进行：

（一）开庭审理前，书记员可以先行集中核实被告人的身份，是否受过法律处分及处分的种类、时间，是否被采取强制措施及强制措施的种类、时间等情况；

（二）宣布开庭后，法庭应当在确认被告人身份、告知诉讼权利和认罪认罚的法律规定后，审查被告人认罪认罚的自愿性和认罪认罚具结书内容的真实性、合法性；

（三）公诉人摘要宣读起诉书；

（四）听取辩护人的意见，其他诉讼参与人可以简要发表意见；

（五）听取被告人的最后陈述；

（六）法庭在综合考虑被告人认罪认罚的具体表现及案件事实后，调整并确定应判处的刑罚；

（七）当庭宣判。

适用速裁程序审理案件，必要时可以进行法庭调查和法庭辩论。被告人为未成年人的，应当进行法庭教育。

第十六条 适用速裁程序审理案件的过程中，被告人自愿认罪认罚，但出现刑事诉讼法第二百二十三条（五）（六）项情形的，应当转为简易程序或者普通程序审理；出现刑事诉讼法第二百二十三条（一）（二）（三）（四）项情形的，应当转为普通程序审理。

适用简易程序审理案件的过程中，被告人自愿认罪认罚，但出现刑事诉讼法第二百一十五条情形的，应当转为普通程序审理。出现上述情形时，人民法院应当向人民检察院、被告人、辩护人、值班律师、被害人及其诉讼代理人送达转换程序决定书。当庭宣布转换程序的，可以直接记入庭审笔录，不再另行制作决定书。

第十七条 适用速裁程序或者简易程序审理案件的过程中，出现被告人的行为不构成犯罪或者不应当追究其刑事责任、被告人违背意愿认罪认罚、被告人否认指控的犯罪事实或者事实不清、证据不足等不应当作为认罪认罚刑事案件审理情形的，应当转为普通程序审理。

出现上述情形时，人民法院应当向人民检察院、被告人、辩护人、值班律师、被害人及其诉讼代理人送达不适用认罪认罚从宽制度审理决定书。当庭宣布不再适用认罪认罚从宽制度审理的，可以直接记入庭审笔录，不再另行制作决定书。

第十八条 对于认罪认罚刑事案件，人民法院依法作出判决时，一般应当采纳人民检察院指控的罪名和量刑建议，但有下列情形的除外：

（一）被告人的行为不构成犯罪或者不应当追究其刑事责任的；

（二）被告人违背意愿认罪认罚的；

（三）被告人否认指控的犯罪事实的；

（四）起诉指控的罪名与审理认定的罪名不一致的；

（五）其他可能影响公正审判的情形。

在审理过程中出现下列情形的，可以建议人民检察院调整量刑建议：

（一）人民检察院量刑建议明显不当的；

（二）出现新量刑情节的；

（三）被告人、辩护人对量刑建议提出异议的。

庭审中出现上述情形，人民法院在征得控辩双方同意后可以休庭，由控辩双方进行沟通。人民检察院不调整量刑建议或者调整量刑建议后仍然明显不当的，人民法院应当在充分听取控辩双方意见后，依法作出判决。

第十九条 审理认罪认罚刑事案件，在制作庭审笔录、卷宗封皮时，应当标注“认罪认罚”字样。

第二十条 本指导意见将随法律、司法解释适时作出调整。本指导意见与新颁布法律、司法解释的规定不一致的，适用新的法律、司法解释。

第二十一条 本指导意见由山东省高级人民法院负责解释。

第二十二条 本指导意见自印发之日起试行。

北京市高级人民法院
关于刑事自诉案件立案审查规范

2019年6月21日　　京高法发〔2019〕438号

第一章 总 则

第一条【目的和法律依据】 为进一步规范刑事自诉案件的立案审查工作，依据《中华人民共和国刑事诉讼法》及有关司法解释的规定，结合北京审判实践，制定本规范。

第二条【定义】 刑事自诉案件是指法律规定的可以由被害人或者其法

定代理人、近亲属直接向人民法院起诉要求追究被告人刑事责任，人民法院能够直接受理的刑事案件。

第二章 刑事自诉案件的起诉

第三条【自诉案件的范围】 人民法院受理自诉案件必须符合下列条件：

（一）告诉才处理的案件：侮辱、诽谤案（但严重危害社会秩序和国家利益的除外）、暴力干涉婚姻自由案、虐待案、侵占案；

（二）故意伤害案；非法侵入住宅案；侵犯通信自由案、重婚案、遗弃案、生产、销售伪劣商品案（刑法分则第三章第一节规定的，但严重危害社会秩序和国家利益的除外）；侵犯知识产权案（刑法分则第三章第七节规定的，但严重危害社会秩序和国家利益的除外）；刑法分则第四章、第五章规定的，对被告人可能判处三年有期徒刑以下刑罚的案件等检察机关没有提起公诉，被害人有证据证明的轻微刑事案件；

（三）被害人有证据证明对被告人侵犯自己人身、财产权利的行为应当依法追究刑事责任，且有证据证明曾经提出控告，而公安机关或者检察机关不予追究被告人刑事责任的案件。

第四条【刑事自诉案件起诉条件】 人民法院受理自诉案件必须符合下列条件：

（一）符合本规范第三条的规定

（二）属于本院管辖

刑事自诉案件的管辖适用刑事诉讼法及其司法解释中关于公诉案件管辖问题的规定。

车站、货场、运输指挥机构等铁路工作区域发生的犯罪；针对铁路线路、机车车辆、通讯、电力等铁路设备、设施的犯罪；铁路运输企业职工在执行职务中发生的犯罪案件，自诉人向海淀法院提起自诉的，海淀法院应当受理。

（三）被害人告诉或代为告诉

刑事自诉案件的自诉人应当是本案的被害人。如果被害人死亡、丧失行为能力或者因受强制、威吓等无法告诉，或者是限制行为能力人以及因年老、患病、盲、聋、哑等不能亲自告诉，其法定代理人、近亲属告诉或者代为告诉的，人民法院应当依法受理。

（四）有明确的被告人、具体的诉讼请求和证明被告人犯罪事实的证据。

第五条【被害人申诉与提起自诉】 被害人对于人民检察院的决定不起诉书不服的，既可以向上级检察机关申诉，也可以向人民法院起诉。

第三章 刑事自诉案件立案材料审查

第六条【自诉状形式要求】 自诉状应当包括以下内容：

（一）自诉人（代为告诉人）、被告人的姓名、性别、年龄、民族、出生地、文化程度、职业、工作单位、住址、联系方式；

（二）被告人实施犯罪的时间、地点、手段、情节和危害后果等；

（三）具体的诉讼请求；

（四）致送的人民法院和具状时间；

（五）证据的名称、来源等；

（六）证人的姓名、住址、联系方式等。

第七条【自诉状份数要求、为自诉人真实意思表示】 自诉状一式两份，自诉人书写的自诉状需有亲笔签名或捺印，每增加一名被告人需再提供自诉状副本一份。

第八条【自诉人提交身份材料的要求】 自诉人提交的身份材料，应符合法律规定，具体要求如下：

（一）自诉人是自然人的，提交身份证明原件及复印件。经法院核对，复印件和原件内容无误的，应当收取复印件，将原件退还自诉人。

自诉人本人无法到场，委托他人代为起诉的，委托代理人应提交代理人的身份证明材料原件及复印件，同时提交自诉人的身份证明材料复印件。法官结合案件情况认为自诉人主体资格需要进一步核实的，可以要求代理人提交自诉人的身份证明材料原件予以核对。原件经与复印件核对无误后退还诉讼代理人。

（二）自诉人是法人或者其他组织的，应当向法院提交统一社会信用代码证书等证明该组织有效成立的法律文件原件及复印件、法定代表人或主要负责人的身份证明书原件及居民身份证复印件。统一社会信用代码证书复印件需加盖公司（或单位）公章，经核对无误后，应当收取复印件，将原件退还自诉人。

第九条【委托手续的要求】 自诉人委托诉讼代理人代为起诉的，还应提交如下符合法律规定的委托手续：

（一）监护人、亲友作为自诉人的诉讼代理人，需提交自诉人亲笔签名的授权委托书，如为亲属，需提交与自诉人具有亲属关系的证明。

（二）自诉人所在单位推荐的人作为自诉人诉讼代理人的，需提交自诉人亲笔签名的授权委托书，自诉人所在单位出具推荐信及自诉人及诉讼代理人的劳动合同、工作证、社保缴费记录、工资支付记录等书面材料。

（三）人民团体推荐的人作为自诉人诉讼代理人的，需提交自诉人亲笔签名的授权委托书、人民团体合法成立的证明和推荐信、被推荐人与该人民团体有合法劳动人事关系的证明。

（四）律师作为自诉人诉讼代理人的，需提交自诉人亲笔签名的授权委托书、律所函、律师证原件及复印件。律师证原件经与复印件核对无误后退还代理人。

实习律师可以受委托代理律师指派，持有关手续到人民法院立案窗口递交立案材料。

第十条【法定代理人、近亲属告诉或者代为告诉应提交的材料】 被害人的法定代理人、近亲属告诉或者代为告诉，应当提供与被害人关系的证明和被害人不能亲自告诉的原因的证明。

第十一条【核实证据】 立案法官应清点自诉人随卷移送的证据材料是否与其列出证据清单的内容一致。

第十二条【自诉案件证明标准】 自诉人应当提供能够证明犯罪事实的证据材料。

自诉人提供的证据应当能够证明案件犯罪事实确实存在，且被告人的行为构成犯罪需追究刑事责任。

第四章　刑事自诉案件立案审查后的处理

第十三条【自诉案件的审查期限及后续处理】　对自诉案件，法院应在15日内审查完毕。经审查，符合受理条件的，应当立案，并书面通知自诉人或者代为告诉人。

具有下列情形的，应当说服自诉人撤回起诉；自诉人不撤回起诉的，裁定不予受理：

（一）不属于符合本规范第三条规定的案件；

（二）缺乏罪证的；

（三）犯罪已过追诉时效期限的；

（四）被告人死亡的；

（五）被告人下落不明的；

（六）除因证据不足而撤诉的以外，自诉人撤诉后，就同一事实又告诉的；

（七）经人民法院调解结案后，自诉人反悔，就同一事实再行告诉的。

第十四条【自诉人放弃告诉其他共同侵害人的后果】　自诉人明知有其他共同侵害人，但只对部分侵害人提起自诉的，人民法院应当受理，但应向其释明放弃告诉的法律后果，并制作询问笔录附卷移送；自诉人放弃告诉，判决宣告后又对其他共同侵害人就同一事实提起自诉的，不予受理。

第十五条【有新证据再次告诉的处理】　经审查缺乏罪证的自诉案件，自诉人撤回起诉或者被驳回起诉后，又提出了新的足以证明被告人有罪的证据，再次提起自诉的，人民法院应当受理。

第十六条【二审法院指令立案受理】　自诉人对不予受理裁定不服的，可以提起上诉。第二审人民法院查明第一审人民法院作出的不予受理裁定有错误的，应当在撤销原裁定的同时，指令第一审人民法院立案受理。

第十七条【自诉人限期补正材料及处理】　自诉人提交的诉状和材料不符合要求的，人民法院应当告知其在指定期限内补正。

自诉人在指定期限内补正的，人民法院决定是否立案的期间，自收到补正材料之日起计算。

自诉人在指定期限内没有补正的，退回诉状并记录在册；坚持自诉的，裁定不予受理。

经补正仍不符合要求的，裁定不予受理。

第五章　对于涉嫌拒不执行判决、裁定罪的特别规定

第十八条【拒执罪案件提起自诉的条件】　申请执行人有证据证明同时具有下列情形，可以自收到公安机关或者人民检察院出具的《不予立案通知书》或《不起诉决定书》之日起，向执行法院提起自诉：

（一）负有执行义务的人拒不执行判决、裁定，侵犯了申请执行人的人身、财产权利，应当依法追究刑事责任的；

（二）申请执行人曾经提出控告，而公安机关或者人民检察院对负有执行义务的人不予追究刑事责任的。

申请执行人以被执行人涉嫌拒不执行判决、裁定罪向公安机关、检察机关报案，有证据证明公安机关、检察机关不予接收材料，可以向执行法院提起自诉。

人民法院以涉嫌拒执罪向公安机关移送的案件，公安机关作出不予立案的决定并予以退回，或公安机关侦查结束移送检察机关，检察机关作出不起诉决定的，人民法院可以向申请执行人释明，告知其可以向执行法院提起自诉。

第十九条【拒执罪自诉案件受理与不予受理】　执行法院立案庭对申请执行人提交的材料进行审查后，对于符合立案条件的拒执罪自诉案件，应当及时予以立案。对于申请执行人提起刑事自诉时被告人下落不明的，立案庭应当说服自诉人撤回起诉，自诉人拒不撤回的，裁定不予受理。裁定不予受理后，申请执行人又提出新的足以明确被告人下落的证据，再次提起自诉的，人民法院应当受理。

对于公安机关或者人民检察院已经正式立案，但尚未作出处理结论的拒执罪案件，申请执行人提起自诉的，人民法院不予受理。

第二十条【拒执罪自诉案件应提交的证据】　申请执行人向人民法院提起自诉的，除应符合最高人民法院《关于适用〈中华人民共和国刑事诉讼法〉

的解释》第二百六十一条、第二百六十二条的规定外，还应提供下列证据：

1. 负有执行义务的人有能力执行而拒不执行，情节严重或特别严重的相关证据；

2. 申请执行人遭受人身、财产损害的相关证据；

3. 公安机关不予立案或检察机关不予起诉的相关材料。

第六章　附　则

第二十一条　本规范自下发之日起试行。

第二十二条　本规范由北京市高级人民法院立案庭负责解释。

[司法实务问题研究]

共同犯罪在侵犯公民个人信息犯罪中的司法认定

鲁海军*

摘要： 鉴于我国尚未就公民个人信息立法规范，在法律缺位的情况下，我国立法机关分别在刑法修正案（七）、刑法修正案（九）中对侵犯公民个人信息行为，予以立法打击，且后一次立法较前一次打击面更广、惩处力度更大，尽管学界对于这种未有前置法就直接适用刑法手段惩处在公民个人信息领域内的违法犯罪行为有所微词，但依附于公民个人信息中其他犯罪层出不穷，严重威胁到公民生命财产安全，用刑法惩治犯罪保护公民合法权益还是起到了立竿见影的作用。但在实践中存在着的以非法获取公民个人信息而实施其他犯罪案件中，罪内共犯、罪间共犯、上下游犯罪该如何认定还存在一定分歧。因而，本文着重就侵犯公民个人信息犯罪中共同犯罪角度入手，分析其存在着的共同犯罪样态，表现为罪内共犯和罪间共犯两种形式；提出明确上下游犯罪，坚持共犯理论，针对其实施的犯罪手段、目的进行综合评价，一般按照牵连犯来认定罪间共犯，但在裁判文书中要对其侵害公民个人信息的行为进行说理，向公众宣誓其对他人个人信息侵害是违法犯罪行为，之所以不惩处是根据对被告人权益保障的落实，通过正反面各方面的惩处与保护，达到司法裁判具有引领、规范社会行为的功能，有助于减少此类案件的发生和提醒公众注重个人信息的保护。

* 作者单位：江苏省淮安市洪泽区人民法院。

一、上游侵犯公民个人信息犯罪司法认定

随着行为人在非法获取公民个人信息，后续实施电信诈骗、网络诈骗等下游产生更为严重的社会危害行为，且此类案件处于高发态势，违法犯罪行为，立法上先后于2009年、2015年修改法律，将出售、非法提供及非法获取侵犯公民个人信息的罪行为触犯的两个罪名合并为一个独立罪名，即侵犯公民个人信息罪；犯罪主体上进行扩大，即任何单位和个人；犯罪处罚上提高了法定刑，即“构成犯罪的，处三年以上七年以下有期徒刑，并处罚金”，同时，明确了加重处罚的五种情形。两高于2017年3月20日作出《关于办理侵犯公民个人信息刑事案件适用法律若干问题的解释》（以下简称《解释》）作出具体的加重情形的认定。2015年11月至2016年12月，全国新收此类案件495件，审结464件，生效判决人数为697人，各级法院加大对侵害公民个人信息违法犯罪行为进行持续打击。但在司法实践中也存在着对公民个人信息保护范畴、入罪标准等认识不统一。

（一）公民个人信息的认定

本罪所保护的公民信息，尽管我国较为权威的网络安全法有相关规定，但《解释》在此基础上进一步作出明确，一般是指“以电子或其他方式记录的能否单独或与其他信息结合识别特定自然身份或反映特定自然人活动情况的各种信息，包括姓名、身份证件号码、通信通讯联系方式、住址、账号密码、财产状况、行踪轨迹等。”①

（二）侵犯公民个人信息入罪标准认定

行为人为通过非法提供、出售及非法获取公民信息，必须到刑法所规定的“情节严重”的程度，方可入罪。《解释》第5条对入罪的必要条件“情节严重”“情节特别严重”进行明确规定。“情节严重”的认定可以从以下几个方面判定，一是从信息的类型和数量考量，基于不同类型信息，《解释》给予了50条500条、5000条以上三种档次的入罪标准；二是从非法获利的数额考量，从行为人牟利角度区分一般信息不按条计价、敏感信息按条计价，《解释》将

① 参加周加海、邹涛、喻海松：《〈关于办理侵犯公民个人信息刑事案件适用法律若干问题的解释〉的理解与适用》，载《人民司法·应用》2017年第19期。

违法所得在5000元以上的视为情节严重[①]；三是从信息用途考量，如行为人明知或应知他人使用该信息用于犯罪，直接将被害人人身、财产安全处于危险境地，可直接认定为情节严重或特别严重，如行为人仅是使用该信息用于商业用途等非犯罪用途，不宜以该罪刑法规制。四是从犯罪主体考量，《解释》将在履行职责或提供服务过程中获得的公民信息出售或提供他人的，认定情节严重应按照数量、数额标准减半计算。五是从主观恶性考量，《解释》中对曾因侵犯公民信息受过刑事处罚或二年内受过行政处罚，再犯的，可直接认定为情节严重，构成本罪。侵犯公民信息构成情节特别严重的，当然构成本罪，这里不再赘述。

二、我国侵犯公民个人信息犯罪共犯司法适用状况

在中国裁判文书网中以“侵犯公民个人信息、共同犯罪”为关键词，检索到2012－2017年涉及侵犯公民个人信息共同犯罪裁判文书共计183件，通过对上述裁判文书的研究，可以窥探侵犯公民个人信息共犯司法认定基本情况。

侵犯公民个人信息行为涉及共犯的案件，从时间上来看，2012年此前并无裁判文书上网，自该年的1件到2017年的142件，呈逐渐上升趋势；从案件审理来看，一审161件，二审21件，其他1件，案件基本在基层法院一审处理，上诉或抗诉到二审案件占一审案件的13.04%；从裁判文书来源来看，涉及全国22个省（市、区），其中福建省为67件，为此类案件数量最多省份。

经过对中国裁判文书网相关裁判文书整理发现，侵犯公民个人信息犯罪用途主要有以下几种：一是从网上或他人处购得信息，用以商业业务或产品推销；[②] 二是直接出售牟利或者为他人推广业务进而牟利；[③] 三是用来在网站虚假注册，以骗取网站相关优惠；[④] 四是用获取的信息用于后续从事盗窃等犯罪活动；[⑤] 五是将信息提供给其他人从事违法犯罪活动。[⑥] 六是从网站购买，用

① 参见福建省龙岩市新罗区人民法院（2016）闽0802刑初276号刑事判决书。
② 参见广东省深圳市中级人民法院（2016）粤03刑终239号刑事裁定书。
③ 参见河南永城市人民法院（2016）豫1481刑初78号刑事判决书。
④ 参见上海市宝山区人民法院（2016）沪0113刑初954号刑事判决书。
⑤ 参见福建安溪县人民法院（2015）安刑初字第1100号刑事判决书。
⑥ 参见上海市第二中级人民法院（2015）沪二中刑终字第866号刑事裁定书。

于犯罪活动;[①] 七是其他个别裁判文书中并未说明行为人获取信息后如何使用。[②] 前三种情形是用于非犯罪用途，但是明显违法，从其数量、犯罪数额来看都大了侵犯公民个人信息犯罪的起刑点，由于是多人共同犯罪构成该罪的共犯。后四种情形，则是用来为自己或为他人实施犯罪行为提供帮助，认定为共犯，但在具体认定与上下游犯罪的共犯问题上，分歧较大，后面将着重予以阐述。

案号	信息来源	信息用途
(2016) 粤 03 刑终 239 号刑事裁定书	从网上、他人处购得	商业业务或产品推销
(2016) 豫 1481 刑初 78 号刑事判决书	未注明	直接出售牟利为他人推广业务进而牟利
(2016) 沪 0113 刑初 954 号刑事判决书	未注明	用来在网站虚假注册，骗取网站相关优惠
(2015) 安刑初字第 1100 号刑事判决书	自行获取	从事后续盗窃等犯罪活动
(2015) 沪二中刑终字第 866 号刑事裁定书	自行获取	贩卖信息获利
(2016) 闽 05 刑终 703 号刑事裁定书	网站购买	用于犯罪活动
(2015) 安刑初字第 939 号刑事判决书	未注明	未说明其犯罪用途

通过对样本数据进行分析发现，侵犯公民个人行为中的信息用途，不仅是判定行为人是否侵犯他人信息情节严重的关键，也是认定其是否构成犯罪的重要因素考量。一般来说，行为人通过非法手段获取、出售或提供公民个人信息，绝不仅仅是为了个人占有，大多会有特定用途，或为了从中直接牟利或为了用于下一步违法犯罪等。可以说，对行为人侵犯公民个人信息用途的认定，

① 参见福建省泉州市中级人民法院（2016）闽 05 刑终 703 号刑事裁定书。

② 参见福建省安溪市人民法院（2015）安刑初字第 939 号刑事判决书。

一方面有助于判定该行为是否构成犯罪，进而认定罪内共犯；另一方面有助于认定其与下游犯罪之间关系，进而认定罪间共犯。

三、侵犯公民个人信息共同犯罪司法认定

在司法实践中，行为人非法获取、出售或提供公民个人信息，构成侵犯公民个人信息犯罪后，又利用该信息实施其他下游犯罪，在共犯认定中，一般表现为上游犯罪的共同犯罪与下游犯罪共同犯罪。

（一）侵犯公民个人信息行为中共同犯罪表现样态

1. 上游犯罪的共同犯罪。罪内共同犯罪，是指各行为人存在共谋共意、共同实施侵害公民个人信息行为，构成侵害公民个人信息罪，如贾某生、梁某滨、孙某刚、王某龙非法获取公民个人信息案，梁某滨在共同犯罪中起主要作用，系主犯；孙某刚、王某龙在共同犯罪中起次要或者辅助作用，系从犯，应当从轻、减轻处罚或者免除处罚。① 此类案件中，一般多以非法获取、出售公民个人信息犯罪居多，但也存在个别案件发生在刑法修正案（九）修改前，而适用的罪名却是按照修改后的罪名定罪，② 量刑仍是按照修改前裁判。

2. 下游犯罪共同犯罪。其是指犯本罪行为主体与上下游犯罪行为主体发生重合，也即一行为人同时参与了本罪犯罪与上下游犯罪。这种共同犯罪不仅要厘清行为人之间的分工、参与等要素，还应查清两种犯罪之间的是否存在牵连、想象竞合等关系，因为这种关系的认定直接影响着行为人的定罪量刑。如被告人谢某生提供资金租用作案场地、购买作案工具，并准备公民个人信息资料及负责诈骗成功后联系取款事宜，被告人刘某仔、杨某飞、杨某甲、邵某荣、钟某明负责拨打诈骗电话案。③ 本案中，谢某生非法获取公民个人信息犯罪行为，是为刘某仔等人实施诈骗的工具犯罪行为，且其实施的行为与刘某仔等人有共谋故意，故而刘某仔等人构成非法获取公民个人信息罪，鉴于其实施的诈骗行为构成诈骗犯罪，且前后两罪之间存在手段（工具）与目的之间的关系，按照牵连犯从一重处，前罪法定性明显低于后者，因而按照诈骗罪定罪量刑。

① 参见四川省成都市中级人民法院（2013）成刑终字第254号刑事裁定书。

② 参见河南省焦作市山阳区人民法院（2016）豫0811刑初68号刑事判决书。

③ 参见广东省佛山市中级人民法院（2015）佛中法刑二终字第126号刑事判决书

（一）上下游犯罪关系的认定

1. 侵犯公民信息用途确立了上下游犯罪关系。如前述，行为人侵犯公民个人信息，一般带有特定用途，根据用途可分为构成本罪用途和下游犯罪用途。构成本罪用途，是刑法修正案（九）立法打击此类犯罪的重点，只要符合其犯罪构成要件，即可认定其共同犯罪；而下游犯罪用途，是行为人为了实施下一步犯罪而带有目的性地非法获取、提供、出售公民信息，不仅危害公民个人信息安全，而且与电信网络诈骗封犯罪存在密切关联，甚至与绑架、敲诈勒索等犯罪活动相结合，其明显具有严重的社会危害性。① 也就是说，行为人侵犯公民信息，是为了进一步实施其他犯罪，尤其是在计算机普及、“互联网+”时代背景下，侵犯公民信息成为下游网络犯罪的重要源头。②

2. 司法实践中确定了上下游犯罪。在罪名的适用中，侵害公民信息犯罪一般是为后续违法犯罪行为作准备，典型的则是电信网络诈骗，行为人取得的公民个人信息，一方面是其直接获取的，但很多则是从他人处非法获得，掌握了这些信息后，有针对性地实施诈骗，这是该类型诈骗犯罪的基本分工。从中我们可以得知，前者取得公民个人信息犯罪行为与后者实施诈骗行为间存在上下游关系，有了前者的信息资源，才有了后者的诈骗。但在具体罪名适用中，对行为人取得公民信息实施诈骗等犯罪的，一部分法院认定其应按照“侵犯公民个人信息罪”和“诈骗罪”，实行数罪并罚；③ 也有法院以侵犯公民个人信息行为与诈骗行为间存在牵连关系，则一重罪定罪处罚。④ 无论是按照数罪并罚抑或是从一重罪处罚，都认可了两者间存在上下游之间关系。因而在探讨罪间共同犯罪时，应着重对犯本罪与下游犯罪之间关系的梳理。

3. 侵犯公民个人信息犯罪并不必然制约下游犯罪。从搜集的裁判文书样本来看，作为上游犯罪的侵犯公民信息犯罪与下游犯罪基本是相对独立的两种犯罪样态；从裁判结果来看，构成侵犯公民信息犯罪的并未参与到后续的犯罪行为中，构成诸如诈骗、盗窃等下游犯罪的虽参与了侵犯公民个人信息行为且构成犯罪，但单独评价该上游犯罪的并不多。一般来说，构成上游犯罪的，并

① 周加海、邹涛、喻海松：《〈关于办理侵犯公民个人信息刑事案件适用法律若干问题的解释〉的理解与适用》，载《人民司法·应用》2017 年第 19 期。

② 参见李玉萍：《侵犯公民个人信息罪的实践与思考》，载《法律适用》2016 年第 9 期。

③ 参见福建省安溪县人民法院（2016）闽 0524 刑初 300 号刑事判决书。

④ 参见广东省茂名市电白区人民法院（2015）茂电法刑初字第 858 号刑事判决书。

不全部参与下游犯罪，对下一步犯罪不存在制约关系；如其接着实施了下游犯罪，且出现上下游犯罪主体的重合情形的，应按照刑法有关规定罪名予以定罪量刑，其对下有犯罪有着一定制约关系。尽管裁判文书中对此认定不一，仍有部分法院是按照上下游两罪并罚，但大多数是按照牵连犯从一重处。我们认为，应按照牵连犯从一重处。

（二）上游侵犯公民个人信息犯罪共犯的司法认定

行为人实施侵犯公民个人信息的犯罪手段及形式，刑法作出了明文规定，但对于实践中对本罪共犯的认定，还应结合其犯罪形态综合予以认定。犯罪形态一般是指故意犯罪过程中因为某些原因而发生的停止形态，其包括预备犯、未遂犯、中止犯、既遂犯四种形态，一般把前三种形态称为未完成形态，把第四种形态称为完成形态。本罪是情节犯，即行为人实施侵犯公民信息，还必须达到情节严重，而对行为人开始着手实施提供、出售货获取他人信息时，是为本罪的着手，达到情节严重的既遂，除此之外的为未完成形态。

1. 预备犯停止形态中共犯的认定。侵犯公民个人信息行为中，预备犯，是在行为人非因其本人意志，未能着手实施本罪行为的停止形态。由于未能着手，无法认定其构成犯罪，因而无从谈起共犯。

2. 未遂犯停止形态中共犯的认定。其是在行为人已经着手实行侵犯公民信息犯罪而由于意志以外原因，致使犯罪未能完成的犯罪停止形态。此种情形下虽然实施了侵犯公民个人信息犯罪行为，但由于未能达到情节严重后果，无法认定其为犯罪，当然无从谈起共犯。

3. 中止犯停止形态中共犯的认定。其是在犯罪的可能实施的任一个环节都有可能成立犯罪中止，犯罪既遂后除外。只要行为人中止产生严重后果的出现，可以认定其中止形态，未出现情节严重。

4. 完成形态中共犯的认定。行为人实施了侵犯公民个人信息行为，且达到了严重情节的，是为既遂，构成犯罪，则可依据刑法第二十五条规定讨论其共犯，划分主从犯或是不划分主从犯关系。

（三）下游共同犯罪的司法认定

1. 同一犯罪主体同时实施上下游犯罪应为牵连犯。一般认为，牵连犯是指行为人出于一个最终的犯罪目的，而实施了数个犯罪行为（手段行为、原因行为、结果行为、目的性为），且分别触犯不同罪名的犯罪形态。[①] 基于一个最终的犯罪目的，行为能够区分为手段行为、目的行为或原因行为、结果行为的，且两个犯罪行为分别触犯不同罪名，则可以认定其存在牵连关系。这里的犯罪目的，我国刑法中，一般认为，“犯罪人希望通过实施犯罪行为达到某种危害社会结果的心理状态。”[②] 其是可以行为产生的结果外化为客观的社会危害，因此，犯罪目的的内容具有客观性和危害性。而目前认定牵连关系判定标准，主要有主观说、客观说和折中说[③]。主观说，强调了以行为人主观上有牵连认识为标准，但如数行为间在客观上不具有牵连关系，仅凭行为人主观认为有牵连关系，就认定其为牵连犯，明显违反主客观相一致的认定犯罪的标准。客观说，强调了数行为间在性质上有密切的因果关系，但其忽略了行为人主观认识，无限放大在主观上无联系而在客观上存在的联系行为认定为牵连犯，明显不妥。折中说，主张从主客观两个方面加以判定，即在客观性质上数行为一般处于手段与目的或原因与结果的关系，且在主观认识上行为人具有犯意的继续，可认定其存在牵连关系。[④] 折中说符合主客观相统一的原则，可将其作为判定牵连关系的标准。

牵连犯在立法上规定。刑法第二百八十七条规定，“利用计算机实施金融诈骗、盗窃、贪污、挪用公款、窃取国家秘密或者其他犯罪的，依照本法有关规定定罪处罚。”该条强调行为人以计算机为工具实施的犯罪行为，与盗窃、诈骗、瞧着勒索等传统犯罪，虽形式上发生了变化，即一个是在虚拟的电子网络空间、一个是现实社会空间，但其实质是并无变化，因而立法中给予提示性规定，仍应按照刑法规定定罪处罚。该条虽然未对其适用何罪没有明确规定，但给予了一个指向，即利用计算机实施的盗窃、诈骗、贪污、挪用公款或其他犯罪，属于牵连犯。最高人民法院研究室编撰的《〈网络犯罪刑事诉讼程序意见暨相关司法解释〉理解与适用》明确，“对于利用计算机实施金融诈骗、盗窃、贪污、挪用公款、窃取国家秘密或者其他犯罪，属于牵连犯，刑法第二百

① 参见高铭暄、叶良芳：《再论牵连犯》，载《现代法学》2005年3月25日第27卷第2期。
② 参见高铭暄、马克昌主编：《刑法学》，北京大学出版社2005年版，第127页。
③ 参见高铭暄、叶良芳：《再论牵连犯》，载《现代法学》2005年3月25日第27卷第2期。
④ 参见高铭暄、叶良芳：《再论牵连犯》，载《现代法学》2005年3月25日第27卷第2期。

八十七条作出了特别规定，……”。①

综上，在法无明文规定按照数罪处理的情况下，应当遵循刑法中关于牵连犯的要求，从一重罪进行处罚，即当行为人通过非法获取公民个人信息实施其他犯罪时，获取公民个人信息行为就成为其他犯罪的手段行为，此时虽然行为人实施了两个行为，但是应按照牵连犯进行处断。②

2. 下游犯罪共同犯罪认定应按照牵连犯从一重处。我国刑法立法及多次修改中，尤其是1997年刑法修改后，对于牵连犯的概念及其处罚原则在刑法总则仍未予以明文规定，而是将其分散在刑法分则中，并给予了以下五种不同的处置规则。一是规定为数罪并罚，如第二百四十一条第四款规定的收买被拐卖的妇女、儿童，又强行与妇女发生性关系，或者非法剥夺、限制妇女、儿童的人身自由或者有伤害、侮辱等犯罪行为的；第二百九十四条第三款规定的犯组织、领导、参加黑社会性质组织罪、入境发展黑社会组织罪又有其他犯罪的等等，实施数罪并罚。二是规定为直接按照某罪定罪，如刑法第一百九十六条第三款规定的盗窃信用卡并使用的，直接以盗窃罪定罪处罚；三是规定为直接按照某罪定罪加重处罚，如刑法第二百五十三条第二款邮政工作人员私自开拆、毁弃邮件、电报又从中窃取财物的，直接以盗窃罪定罪并从重处罚。四是按照重罪的加重犯处理，如第二百四十条规定的拐卖妇女、儿童，又奸淫被拐卖的妇女的，或者又诱骗、强迫被拐卖的妇女卖淫的，定拐卖妇女、儿童罪，适用10年以上有期徒刑、无期徒刑或者死刑的加重法定刑；五是传统理论认定的从一重处断，如刑法第三百九十九条第四款规定的司法工作人员收受贿赂，犯徇私枉法罪、民事、行政枉法裁判罪或者执行判决、裁定失职罪、执行判决、裁定滥用职权罪，又构成受贿罪的，依照处罚较重的罪定罪处罚。③ 立法上的不尽相同规定，反映在司法解释的标准也是不尽相同，其沿袭了刑法分则中认定为数罪并罚、从一重处等规定。牵连犯的认定和处罚规则不统一，对于司法实践如何认定、适用产生一定困难。

综上，对牵连犯的处罚原则如何适用，笔者认为，应按照传统牵连犯处理

① 参见胡云腾主编、最高人民法院研究室编著：《〈网络犯罪刑事诉讼程序意见暨相关司法解释〉理解与适用》，人民法院出版社2015年版，第101页。

② 参见李玉萍：《侵犯公民个人信息罪的实践与思考》，载《法律适用》2016年第9期。

③ 参见高铭暄、叶良芳：《再论牵连犯》，载《现代法学》2005年3月25日第27卷第2期。

原则从一重重处为宜①。理由是：一是符合主客观相一致刑法原则。其表现在从客观上考虑了行为人实施了数个犯罪行为，从主观上兼顾到了行为人基于一个最终犯罪目的，这个特殊犯意。二是实行从一重重处贯彻了重处经济犯罪的精神。三是有利于保持立法与司法解释一致性。四是牵连犯是实质的一罪，不是并罚的数罪，量刑处罚上应有所区分。②

（四）侵犯公民个人信息犯罪共犯特殊情形的认定

对于上下游犯罪中同一主体既实施了侵犯公民个人新犯罪行为又实施了下游其他犯罪行为的，我们认为，要根据具体情况来认定。行为人在实施了侵犯公民个人信息犯罪后，存在二种行为样态，其一是继续参与到下游犯罪，其目的就是实施下游犯罪的，认定为下游犯罪的共犯；其二是未继续参与到下游犯罪，不宜认定为下游犯罪的共犯，但构成上游犯罪的，可按共犯予以认定。

对于存在的有上下游犯罪行为人为不同犯罪主体，双方之间并无犯罪意思联络，且各自实施了相应犯罪的，因不符合共犯认定的共同意思联络、共同实施行为要件，无法认定为共犯，可按照各自实施的行为承担法律责任。

同时，我们还应注意的是，在下游犯罪中，必然有一个人与上游犯罪行为人联系，或实施接收、买受、获取他人个人信息等行为，虽然两者之间有共同的意志追求即获取他人个人信息，但并无共同实施行为，因而无法认定其为共同犯罪；但如在上下游犯罪衔接过程中，行为人虽此前无共谋，但后期加入下游犯罪，并对实行下游犯罪有明确故意的，可认定上下游犯罪行为人之间构成共犯，属于刑法中承继共犯。对侵犯公民个人信息行为人予以犯本罪与下游犯罪并罚，在下游犯罪中与其他人构成共犯。

① 也有学者提出应按照“从一重重处”，笔者基本赞同这一观点。传统牵连犯处罚原则是从一重处，但在司法实践中，法官定罪量刑时，对于其实施一个犯罪行为与实施两个犯罪行为而被裁定为一罪，在量刑考量时，肯定是不一样。因而，该种观点将量刑予以考虑，更为精细、更为全面。但每个具体案件情况不同，法官在适用牵连犯时，应在自由裁量权范围内，用好刑罚尺度。

② 参见吴振兴：《罪数形态论》，中国检察出版社1996年版，第286页。

[新类型疑难案例选评]

唐某运输毒品案

闵海蓉　李倩雯*

【裁判要旨】

行为人因事实认识错误运输"假"毒品，成立对象不能犯。定罪、量刑应充分考虑其对毒品的认知度、陷入错误的原因和程度、运输毒品的起因和动机等，以贯彻罪责刑相适应原则。

【案情简介】

公诉机关指控，被告人唐某运输7021克疑似冰毒，应当以运输毒品罪追究其刑事责任。依法提起公诉，并建议对唐某判处十五年以下有期徒刑。

被告人唐某自愿认罪，但辩解本案被查扣物品系其为他人运输，全部未检出毒品成分，请求从轻处罚。

一审法院审理查明：2016年8月某日，被告人唐某驾驶小汽车从广东省惠来县出发，为他人运输7包净重7021克的疑似冰毒（经鉴定，未检出海洛因、氯胺酮、甲基苯丙胺、MDMA、MDA、可卡因、四氢大麻酚成分）。同日，唐某携带上述疑似冰毒到广州市天河区某居民楼下时被民警当场抓获。

【审理结果】

一审法院认为：被告人唐某认为所携带的物品为毒品冰毒而运输，已构成

* 作者单位：广州市中级人民法院刑一庭。

运输毒品罪。唐某犯罪未遂，依法减轻处罚；唐某当庭自愿认罪，酌情从轻处罚。关于辩护人提出唐某属于从犯，经查，唐某是运输毒品的实行犯，并非在共同犯罪中仅起次要、辅助作用；关于辩护人提出涉案小汽车属于夫妻共同财产，并非犯罪违法所得，应予以返还，经查，唐某驾驶本人能够支配的小汽车运输毒品，此属犯罪工具，应予没收。故判决：一、被告人唐某犯运输毒品罪，判处有期徒刑八年，并处罚金人民币一万元。二、扣押的白色晶体 7 包、小汽车 1 台等均予以没收。

二审中，上诉人唐某辩称：其所运物品确非毒品，原判量刑过重；小汽车登记在妻子名下，不应没收。

二审法院认为：上诉人唐某与他人达成运输毒品的默契后，误认他人交付的物品为毒品而独自驾车将该物品从广东省惠来县运到广州市，已构成运输毒品罪。关于唐某辩解其所运物品实非毒品，原判量刑过重等问题，经查，唐某明知运输毒品会发生危害社会的后果仍积极运输 7 包“毒品”的行为，其主观上对危害后果持追求心态，虽然该疑似毒品未检出常见毒品成分，但系其自身对事实认识的错误导致不能实现犯罪目的，属于被告人意志以外的原因，不影响其具有主观犯罪故意。客观方面，其驾车跨市运输 7021 克疑似毒品，虽达不到运输真毒品对社会造成的危害结果，却对他人健康造成现实威胁，不能否定其社会危害性。据此，原判认定其构成运输毒品罪，并无不当。鉴于唐某犯罪未遂，依法可从轻或减轻处罚。一审中，唐某当庭自愿认罪，原判综合考虑其犯罪情节、社会危害性及其认罪态度等，量刑已作从宽处理，并无不当。至于涉案小汽车是唐某与妻子共同共有的财产，也是其运输毒品的作案工具，原判予以没收，亦无不当。故作出终审裁定：驳回上诉，维持原判。

［评析］

运输“假”毒品的定罪和量刑

一、定罪

1. 行为人对犯罪对象认识上的错误，不影响其主观犯意的认定。上诉人唐某被抓获时尿液检测结果呈冰毒阳性，且结合其手机电子物证检查工作记录中出现的隐晦涉毒内容，可以认定其对毒品有较高的认识水平。其在侦查阶段供述称，“威哥”让其带一包物品回广州时没有明说是什么，但知道“威哥”是做冰毒生意的，故其当时猜测自己携带的是冰毒。由此可见其陷入错误认识有一定事实基础，并非出于偶然。结合本案一、二审期间，唐某均自愿认罪，可以认定唐某认识到其帮助他人运输的物品可能是毒品，其明知自己的行为会发生危害社会的后果仍放任结果发生，主观方面其具有概括的犯罪故意。

2. 区分绝对不能犯与相对不能犯，精准认定犯罪。对于不能犯能否治罪，应当区分绝对不能犯与相对不能犯两种情形作出处理。所谓绝对不能犯，指行为人出于极端迷信、愚昧无知而采取的无任何客观根据、在任何情况下都不可能产生实际危害结果的手段、方法、企图实现其犯罪意图，如“以烧香念咒、画符烧纸、香灰投毒”的方法杀人。如果行为人的手段与目的之间存在科学的因果关联，因行为人疏忽大意等心理状态对事实认识错误或误认实施犯罪的工具，虽然未造成实际的危害后果，但因其行为具有社会危害性，依法应当受到刑法处罚，故构成犯罪未遂。本案中，上诉人唐某与他人达成运输毒品的默契后，误认他人交付的7021克疑似毒品为真实的毒品而实际驾车将它从惠来运到广州，客观上实施了运输疑似毒品的客观行为。唐某不知道是假毒品而当作真毒品进行运输，刑法理论上称之为“对象不能犯”，即被告人对犯罪对象（毒品）存在认识上的错误，但这种错误并不影响其主观上具有的犯罪故意，客观上也实施了犯罪行为，虽然这种行为达不到贩卖、走私、运输、窝藏真毒品对社会造成的危害结果，却对他人健康造成现实的威胁（具有现实的法益侵害性），不能否定其社会危害性。对于此类案件应以犯罪未遂处罚。目前实践中，对于误将假毒品当做毒品贩卖、运输等行为，已普遍作为毒品犯罪未遂犯处理。

二、量刑

如何正确理解与贯彻罪责刑相适应原则。

一种观点认为，刑法第十三条规定：“情节显著轻微危害不大的，不认为是犯罪”，但本案涉及疑似毒品七公斤，可以确定上诉人的主观恶性和案件的社会危害性，本案定罪无疑。关于量刑，毒品犯罪案件多基于实际查获的毒品数量确定法定量刑幅度，但本案查获物品经检验最终无法证实是毒品，故不宜直接将七公斤的数量套用法定量刑幅度或相关量刑意见；另关于未遂犯的量刑，刑法规定可以（而非“应当”）比照既遂犯从轻或者减轻处罚，本案不同于其他实际查获毒品的未遂案件，具有实害性的欠缺，亦不宜直接用数量来对应量刑。综上，可以适用运输毒品罪最低档的量刑幅度，即“处三年以下有期徒刑、拘役或者管制，并处罚金”，结合唐某是吸毒人员、稳定认罪等情节，可以减轻或从轻处罚，改判有期徒刑三年。

另一种观点认为，根据行为人唐某对毒品的认知度、陷入错误认识的原因、对犯罪对象错误认识的程度、运输毒品的起因和动机等，可以明确唐某在具有一定基础事实认识的情况下，误认为涉案“物品”是七公斤冰毒，其对“毒品”的种类、重量认识明确，认识程度高。至于假毒品情节已在认定未遂时予以考虑，不能在确定量刑幅度时重复评价。故对应的法定量刑幅度为“十五年有期徒刑、无期徒刑或者死刑，并处没收财产”。同时，在案证据证实本案系民警根据线索伏击守候抓获唐某，其辩解是为“威哥”带货，但未能提供明确的追查线索，其单独驾车自惠来运输疑似毒品至广州，是运输毒品罪的实行犯、正犯；另查无其涉嫌贩卖毒品等其他关联毒品犯罪的情况，量刑时应与走私、贩卖、制造毒品及其他具有严重情节的运毒犯罪分子有所区别。结合上诉人唐某自愿认罪，原判基于未遂犯对其减轻处罚，适用“七年以上有期徒刑，并处罚金”的量刑幅度，并在此基础上，从轻判处其有期徒刑八年、罚金人民币一万元，能够做到罪责刑相适应。二审法院最终采纳了第二种观点，笔者认为更符合罪责刑相适应原则。

《最新法律文件解读》丛书
稿　约

《最新法律文件解读》是一套以为最新法律规范提供同步“解读”为主的系列丛书，分为刑事、民事、商事、行政与执行4个分册，按月出版。

本丛书以“解读”为重点，突出全、专、新、快、准等特点，通过对最新出台的法律、法规、司法解释、部门规章以及重要地方性法规进行同步动态解读，弥补了法律、法规、司法解释汇编类出版物没有同步阐释、解读内容的不足，为广大读者学习理解最新法律规范，正确贯彻执行法律文件，及时解决实践中的新情况、新问题，提供一个全方位、多层面的法律信息平台。

欢迎您向以下栏目赐稿：

【最新法律文件解读】主要是对最新颁行的法律文件进行解读，帮助司法和执法人员正确理解法律文件的立法背景、意义、重点内容、在适用中应注意的问题、与相关法律文件的衔接与互动关系等等。

【司法实务问题研究】主要刊登对司法理论、实务及司法管理工作中的热点、疑难问题进行研究及评论的文章。

【新类型疑难案例选评】主要是对司法和行政执法实践中具有典型性和代表性的疑难案例，结合具体案情以及审理或处理结果进行简练精辟的点评，解析认识问题的方法、处理问题的法律依据和在个案中的具体适用。

【法学前沿与新视点】以摘要的形式刊登相关法学理论研究的最新动态及具有代表性和典型性的前沿问题，扩展法学研究的深度和广度。

【法律适用问题解答】主要针对司法和行政执法实践中面临的新问题、热点问题、疑难问题进行简要的解答，指出涉及的法律关系，明确法律适用依据。

稿件一经刊用，即付稿酬，稿酬从优。

《刑事法律文件解读》　姜　峤　邮箱：bj85250573@126.com
《民事法律文件解读》　丁丽娜　邮箱：dlnlaw@163.com
《商事法律文件解读》　路建华　邮箱：shangshijiedu@126.com
《行政与执行法律文件解读》　张　奎　邮箱：271717306@qq.com

人民法院出版社
《最新法律文件解读》丛书编辑部